AI × 스타트업

아이디어 · 시장 진입 · 팀 빌딩 · 사업 모델 · 마케팅

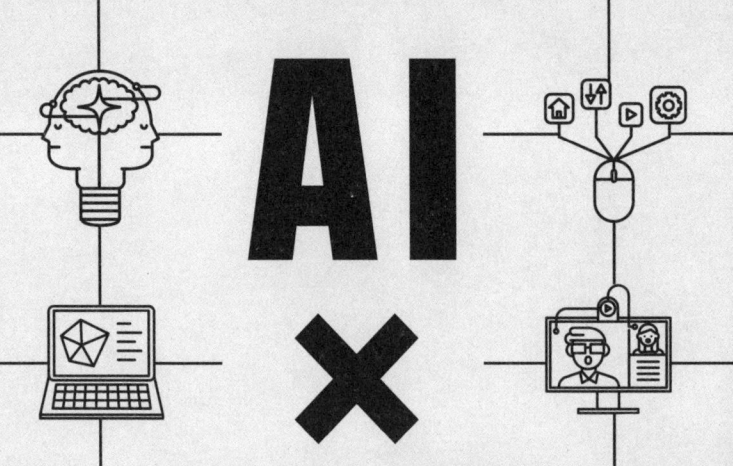

AI × 스타트업

임성준 지음

유노
북스

과거의 창업은 자본의 싸움,
지금의 창업은 도구의 싸움

2022년 11월 등장한 챗GPT ChatGPT는 단순한 도구나 기술 혁신이 아니었다. 이는 곧 비즈니스 패러다임의 전환이자 비즈니스 권력의 이동을 의미했다. 이제 누구나 마음만 먹으면 AI 창업자가 될 수 있다. 코딩을 몰라도 노코드 No-code 툴과 AI 에이전트를 활용해 3일 만에 앱을 만들고, 디자이너 없이 미드저니 Midjourney로 브랜드 로고와 고품질 마케팅 이미지를 생산하며, 전문 마케터 없이 챗GPT와 클로드 Claude로 고객의 마음을 훔치는 카피를 쓰는 시대가 되었다. 클라우드와 SaaS Software as a Service 생태계 덕분에 창업에 필요한 초기 자본도 획기적으로 줄어들었다.

하지만 진입 장벽이 낮아졌다는 것은 곧 당신이 할 수 있는 일을 경쟁자도 똑같이 할 수 있다는 뜻이다. 비즈니스 현장에서 경쟁은 점점 더 치열해지고 있다. 기술적 진입 장벽이 낮아진 만큼 '진짜 차별화'가 그 어느 때보다 중요해졌다. 이제 승부는 기술력이 아니라 집요한 문제 해결력에서 판가름 난다. 고객의 숨겨진 불편을 정확히 포착하고, AI라는 도구를 활용해 누구보다 빠르게 실행하며, 지속 가능한 수익 구조를 설계하는 능력이 핵심 경쟁력으로 떠올랐다. AI는 더 이상 쓰면 좋은 선택 옵션이 아니다. AI를 비즈니스 프로세스에 통합하지 않는 스타트업은 엑셀 시대에 주판을 튕기며 회계 처리를 하겠다는 것과 다를 바 없다.

스타트업 생태계의 5가지 패러다임 시프트

지난 수년간 스타트업 생태계는 양적 성장에서 질적 성장으로, 기술 과시에서 문제 해결로, 개인기에서 팀워크로, 그리고 단기 성과주의에서 지속 가능성으로 그 방향이 완전히 바뀌었다. 과거의 성공 방정식을 고집해서는 좋은 성과를 내기 어려운 시대가 도래한 것이다. 격변의 시대, 스타트업 생태계에는 다섯 가지 패러다임 전환이 나타나고 있다. 지금 창업자가 반드시 알아야 할 변화들이다.

첫째, 성장 중심에서 이익 중심으로의 이동이다. 2020년 전후만 해도 '가입자만 많이 모으면 돈은 나중에 번다'는 말이 통했다. 적자가 나도 트래픽 성장률만 높으면 수백억 원의 투자를 받을 수 있었다. 하지만 이제 투자자들의 첫 질문은 언제 BEP Break-Even Point, 손익 분기점를 맞출 수 있는지로 바뀌었다. 고객 한 명을 확보하는 비용CAC, Customer Acquisition Cost 보다 그 고객이 평생 만들어 내는 가치LTV, Lifetime Value가 크다는 단위 경제성Unit Economics이 숫자로 증명되지 않으면 투자받기 어려워졌다.

둘째, 기술 중심에서 문제 해결 중심으로 바뀌었다. 과거에는 "우리 기술이 최첨단 블록체인 기반의 AI 메타버스입니다"라며 화려한 기술을 과시하는 것이 유행이었다. 그러나 지금은 "우리는 이 기술로 고객의 업무 시간을 50% 줄여 줍니다"라는 식의 실질적인 효용이 더 매력적이다. 기술은 도구일 뿐, 중요한 것은 어떤 고객의 어떤 고통을 해결해 주느냐이다. 시장은 이제 기술적 우위보다 효용의 우위를 선택한다.

셋째, 단계적 확장이 아닌 본 글로벌Born Global이 표준이 되었다. 예전에는 한국에서 성공한 뒤 일본이나 동남아를 거쳐 미국으로 가는 단계적 확장을 꿈꿨다. 하지만 지금은 처음부터 글로벌 시장을 타깃으로 하지 않으면 유니콘으로 성장할 수 없다. 한국 시장은 테스트 베드일 뿐이다. 제품 기획, UX User Experience, 사용자가 제품을 쓰면서 겪는 모든 경험의 품질, 심지어 팀 구성까지 처음부터 글로벌 스탠다드에 맞춰야 한다.

넷째, 단기 엑시트에서 지속 가능성으로 무게 중심이 옮겨 갔다. 과거에는 빨리 몸집을 불려 엑시트하는 것이 지상 과제였다면, 지금은 어떤 위기에도 무너지지 않고 지속 가능하게 생존하고 성장하는 기업을 만드는 것이 목표가 되었다. 단기 수익을 위해 환경을 파괴하거나 직원을 소모품처럼 쓰는 기업은 이제 시장과 투자자로부터 철저히 외면받는다. 오래 살아남는 기업만이 진짜 가치를 만든다.

마지막으로, 인간 대 AI의 대결 구도에서 인간과 AI의 협업 구조로 진화했다. 과거에는 AI가 일자리를 빼앗을까 막연하게 두려워했지만, 이제는 AI를 못 쓰면 경쟁에서 도태된다는 사실을 모두가 깨달았다. 우리는 AI에게 일자리를 뺏기는 게 아니라 나보다 AI를 잘 활용하는 사람에게 일자리를 뺏기는 것이다. AI는 경쟁자가 아니라 당신의 능력을 100배 증폭시켜 줄 파트너다.

ESG와 글로벌은 선택이 아닌 생존의 조건

한때 대기업의 전유물이거나 마케팅용 포장지로 여겨지던 ESG Environment, Social, Governance 환경, 사회, 지배 구조는 이제 모든 기업의 기본 경영 운영 체제가 되고 있다. 글로벌 투자자들은 리스크 관리 차원에서 ESG를 투자 판단의 핵심 기준으로 삼고 있으며, 2024년부터 본격 시행된 EU의 '기업 지속 가능성 보고 지침 CSRD'과 '탄소국경조정제도 CBAM'는 유럽 시장에 진출하려는 기업들에게 또 하나의 도전이 되고 있다. 국내에서도 SK텔레콤의 'ESG KOREA' 프로그램처럼 대기업과 연계된 ESG 스타트업 육성 사례가 폭발적으로 늘고 있다. 이제 ESG 는 환경을 생각하는 착한 기업의 전유물이 아니라 전략적으로 살아남을 기업의 조건이다.

이러한 생존 조건의 관점은 글로벌 진출에도 동일하게 적용된다. 일단 한국에서 성공하고 기반을 다진 뒤 해외로 나간다는 말은 이제

통하지 않는다. 내수 시장은 인구 절벽으로 인해 줄어들고 있고, 경쟁은 포화 상태이며, 자본의 흐름은 국경을 자유롭게 넘나들고 있다. 주요 국내 스타트업의 해외 투자 유치 비중은 40%를 넘어섰다. 이제 성공하는 스타트업은 법인 설립부터 세계 시장을 겨냥하는 본 글로벌이어야 한다. 국내 벤처 캐피탈의 투자 환경이 위축된 상황에서 글로벌 투자자 유치는 선택이 아닌 필수 생존 전략이다.

이 책이 세상에 나오기까지 많은 분의 도움이 있었다. 무엇보다 이번에도 책을 집필할 수 있는 기회를 주신 유노북스 관계자분들께 진심으로 감사의 마음을 전한다. 유노북스와 함께하는 작업은 언제나 깊은 울림과 의미를 남긴다.

폐암 투병으로 힘든 시간을 보내고 계시면서도 꿋꿋하게 버텨 주시고, 여전히 아들 걱정만 하시는 어머니께도 깊은 삼사를 전한다. 어머니의 사랑과 희생이 있었기에 지금의 내가 있을 수 있었다.

내 삶의 가장 큰 기쁨이자 언제나 힘이 되어 주는 두 아들 승빈과 우빈에게도 고마움을 전하고 싶다. 어려운 상황에서도 각자의 자리에서 최선을 다하고 있는 모습이 늘 자랑스럽고 대견하다. 함께 많은 시간을 보내지는 못하지만 언제나 깊이 사랑하고 있다는 말도 함께 전한다.

끝으로 늘 곁에서 힘이 되어 주는 아내에게 감사와 사랑을 전한다. 여전히 거친 풍파를 겪고 있는 불완전한 인생이지만, 아내가 있기에 내 삶은 비로소 균형을 이루며 완성되어 가고 있다.

•차례

시작하며 과거의 창업은 자본의 싸움, 지금의 창업은 도구의 싸움   ··· 5
· 스타트업 생태계의 5가지 패러다임 시프트
· ESG와 글로벌은 선택이 아닌 생존의 조건

1장 | 스타트업, AI로 다시 태어나다
AI가 바꾸는 스타트업의 판

01. AI 에이전트 하나로 창업하는 시대   ··· 21
· 창업 환경이 근본적으로 바뀌었고 판이 달라졌다
· 창업의 기회가 확대됐다
· 개인의 주도성이 커졌다

02. AI에 1달러를 투자하면 3.7달러가 돌아온다   ··· 26
· 기대감이 아니라 수익률이다
· 인간의 한계를 기술로 확장하다
· 챗봇을 넘어 에이전틱 AI의 시대로

03. 거의 완벽한 비즈니스 구조, AI 네이티브 스타트업   ··· 32
· 지능을 품은 비즈니스 모델

04. 더 빠르고 더 가벼워졌다, 초경량 창업   ··· 36
· AI로 완성된 린 스타트업
· 더 빠르게 실험하고 더 빠르게 반복하라

05. 왜 스타트업은 개발이 아니라 기획에 집중해야 하는가?   ··· 42
· 비주류에서 산업의 표준이 된 노코드

06. AI는 퇴근하지 않는다   ··· 47
· 24시간 가동되는 자율적 공동 창업자
· 그래도 시작과 끝에는 사람이 필요하다

2장 | 아이디어, AI로 현실이 되다
아이디어 구체화 전략 11단계

01. AI로 시장의 빈틈 찾기 ··· 55
· 성공한 유니콘들은 모두 불만 해결사였다

02. 시장을 깊이 읽어라 ··· 60
· AI는 정보를 주지만 경험은 주지 못한다
· 퍼플렉시티로 시장 리서치하기

03. AI로 시장 가설 검증하기 ··· 65
· AI로 고객의 의견 확인하기

04. 고객 여정 지도 그리기 ··· 68
· '고객 경험 시뮬레이션' 프롬프트 입력 예시

05. AI로 비즈니스 모델 설계하기 ··· 71
· '비즈니스 모델링' 프롬프트 입력 예시

06. 이 사업이 정말 되는가? ··· 75
· '재무 시나리오 분석' 프롬프트 입력 예시

07. 실패 시나리오 미리 대비하기 ··· 79
· '실패 시나리오 분석' 프롬프트 입력 예시

08. 아이디어를 다르게 만들기 ··· 81
· '10배 혁신 전략' 프롬프트 입력 예시

09. 실행 계획과 GTM(Go-To-Market) 전략 세우기 ··· 85
· '실행 로드맵 설계' 프롬프트 입력 예시

10. 팔리는 메시지 만들기 ··· 87
· '마케팅 카피 최적화' 프롬프트 입력 예시

11. AI가 답을 줘도 판단은 사람 몫이다 ··· 90
· AI는 나침반이라고 생각하라
· 반드시 교차 검증하라
· AI는 사용자를 닮는다

3장 | 제품, AI로 시장에 나가다
AI 시대 시장 진입 전략

01. 통찰의 속도가 경쟁력이다 ··· 95
· 시장 조사는 어떻게 달라졌나?
· 마켓 인사이트 AI(Market Insights AI)
· 퍼플렉시티 프로(Perplexity Pro)
· 콴틸로프(quantilope)
· 브랜드워치(Brandwatch)
· 재피(Zappi)
· GWI 스파크(GWI Spark)

02. AI가 사람 대신 시장을 테스트할 수 있을까? ··· 100
· 귀한 시간과 비용을 아껴 주는 가상의 고객 모델

03. 부서별로 살펴보는 AI 시장 조사 활용법 ··· 104

· AI가 바꾼 영업의 방식, 직감에서 데이터로

· AI가 바꾼 마케팅의 방식, 낭비에서 수익으로

· 내 사업에 맞는 시장 조사 AI 선택 가이드

04. 단 하루 만에 아이디어를 MVP로 만드는 AI들 ··· 109

· 슈퍼 엔지니어 AI(Super Engineer AI)

· 깃허브 코파일럿(GitHub Copilot)

· 커서(Cursor)

· 브이제로(v0)

· 볼트닷뉴(Bolt.new)

· 러버블(Lovable)

· 퀵유아이(KwikUI)

· 버블(Bubble.io)

05. 이제 누구나 제품을 만들 수 있다 ··· 114

· 문제를 제대로 찾는다

· 핵심 기능만 남긴다

· 서비스의 뼈대가 될 데이터를 만든다

· 아이디어를 눈에 보이게 만든다

· 사용자들의 반응을 확인한다

· 데이터를 보고 제품을 다듬는다

· 실제 사용자와 함께 진화한다

06. 성공 확률도 미리 계산하는 AI ··· 118

· AI로 사업 타당성을 단계별로 검증하는 방법

07. AI 데이터 분석의 함정에 빠지지 않는 법 ··· 122

· 데이터의 품질 확보가 최우선이다

· AI의 결과물은 정답이 아니라 가설이다

· 분석은 일회성 이벤트가 아니라 동적인 과정이다

4장 | 팀, AI와 함께 진화하다
AI 시대의 팀 빌딩

01. 사람만이 희망이다 ··· 127
· AI 시대 기업이 빠지는 3가지 착각

02. 사람과 AI가 함께 일하는 조직의 5가지 조건 ··· 131
· 팀의 필수 역량, AI 리터러시
· 인간만이 할 수 있는 본질적인 일에 집중한다
· 끊임없이 학습하는 조직
· 두려움을 없애고 신뢰를 쌓는다
· 사람과 AI가 함께 일하는 하이브리드 조직

03. 직급이 사라지고 역할만 남는다 ··· 137
· 직원들이 단순 노동자에서 전문 컨설턴트가 되다

04. 지금 조직 문화를 바꾸지 않으면 벌어질 3가지 재앙 ··· 140
· 더욱 빠르게 반복되는 유능한 인재의 이탈
· 폭증하는 본질 없는 회의
· 마비되는 의사 결정

05. AI 네이티브 조직의 5가지 절대 원칙 ··· 143
· 실패를 데이터로 바꾸는 조직
· 속도로 움직이는 조직
· 정보가 막히지 않고 흐르는 조직
· 학습이 놀이가 되는 조직
· AI가 아니라 사람이 책임지는 조직

06. 기술이 할 수 없는 그것을 하라! 7가지 핵심 역량 ··· 147
· '어떻게'가 아니라 '왜'를 묻는 문제 정의
· 구조를 설계하는 AI 오케스트레이션

· 사라진 점들을 연결해 선을 만드는 창의적 통합

· 신뢰를 파는 고차원적 세일즈와 협상

· 사람을 이끄는 리더십과 조직 문화 구축

· 기술의 방향타를 결정하는 윤리와 철학

· 실패를 딛고 다시 일어서는 회복 탄력성

07. AI 시대의 리더와 인재는 무엇이 다른가　　　　··· 153

· AI를 이해하면서 인간다움을 잃지 않는 힘

5장 | 사업, AI로 돈이 되다
AI를 활용한 비즈니스 모델 구축 및 사업 계획서 작성

01. 혁신의 낭만은 끝났다, 이제 계산기를 들어라　　　··· 159

· AI 스타트업이 망하는 가장 흔한 이유

02. 고객은 어떤 서비스에 지갑을 여는가?　　　　··· 162

· 돈이 되는 AI 비즈니스 모델

03. 합격하는 사업 계획서, AI와 함께하는 7단계 전략　　··· 167

· 시장 분석: 검색은 퍼플렉시티, 논리는 챗GPT

· 고객 분석: 가상의 페르소나와 끝장 인터뷰

· 경쟁사 분석: 가치의 충돌을 증명하라

· 비즈니스 모델: 수익의 견고한 엔진을 설계하라

· 마케팅 전략: 뜬구름 잡는 대신 정밀한 액션 플랜을 제시하라

· 재무 계획: AI를 가장 강하게 의심해야 할 최후의 보루

· 최종 검토: 악마의 심사역을 소환하여 매를 맞으라

04. IR Deck이라는 비즈니스 드라마   ⋯ 177
· 투자자를 끌어당기는 스토리를 만든다
· 첫 장에서 시선을 낚아챈다
· 고객의 문제와 해결 장면을 보여 준다
· 투자자가 흥분할 시장을 그린다
· 우리의 성장이 가설이 아님을 증명한다
· AI로 완성도를 끌어올린다

05. 정부지원사업 합격률을 높이는 AI 활용법   ⋯ 182
· 사업의 정체성을 보여 준다
· 한 장으로 사업 전체를 설득한다
· 문제의 심각성을 데이터로 증명한다
· 실행 능력을 보여 준다
· 이 사업이 어떻게 성장할지 증명한다
· 사회적 가치와 정책 목표를 연결한다
· 이 팀이 사업을 완성할 수 있음을 증명한다

6장 | 마케팅, AI로 매출을 키우다
AI를 활용한 마케팅 자동화 및 성과 관리

01. 데이터 분석부터 퍼널 자동화까지   ⋯ 191
· 지능형 스케일업 전략

02. AI가 보여 주는 진짜 성과   ⋯ 195
· 성과 관리는 감시가 아니라 진단이다

03. 리더의 감과 주관적 편향을 조심하라   ⋯ 200
· 감정적으로 점수 매기는 시대는 갔다
· 데이터로 결정하는 기업만 살아남는다

04. AI는 어떻게 산업을 바꾸는가? ··· 206

· 진단의 정확도를 다시 쓰다
· 리스크를 먼저 감지하다
· 고객의 마음을 먼저 읽다
· 공장이 멈추기 전에 고장을 찾다
· 마케팅의 낭비를 없애다

05. 데이터를 읽는 두 번째 두뇌의 능력 ··· 210

· 시장 정보를 스스로 수집한다
· 미래의 시장 움직임을 먼저 예측한다
· 텍스트와 이미지에서 패턴을 찾는다
· 리더의 판단 편향을 데이터로 교정한다
· 시장 변화를 실시간으로 보여 준다

06. 데이터를 읽는 조직 만들기 ··· 213

07. 조직의 체질을 바꾸는 5단계 실행 로드맵 ··· 215

· 명확한 비즈니스 목표의 정의
· 견고한 데이터 인프라의 구축
· 인적 자본에 대한 투자
· 최적의 기술 파트너를 선택하기
· 지속적인 성과 측정과 최적화

08. AI 기반 의사 결정의 도전 과제와 극복 전략 ··· 218

· 거대한 장벽, 데이터의 파편화
· 현실적인 난관, 기술적 격차
· 창업자의 고민, 막대한 초기 구현 비용
· 가장 뼈아픈 도전, 리더와 구성원 사이의 신뢰
· 비즈니스의 존립, 데이터 보안과 법규

부록 | 스타트업을 위한 AI 용어 완벽 가이드

PART 1 AI 기초 및 핵심 개념 ··· 229

PART 2 생성형 AI와 LLM ··· 238

PART 3 실무 AI 활용 및 인프라 ··· 247

PART 4 AI 개발 및 운영 ··· 256

PART 5 비즈니스 AI 전략 ··· 265

마치며   변하지 않는 창업자의 본질 ··· 222

참고 문헌 ··· 274

1장

스타트업,
AI로
다시 태어나다

AI가 바꾸는 스타트업의 판

01

AI 에이전트 하나로 창업하는 시대

새로운 창업의 물결이 다시 시작되었다. 전 세계는 금리 인상, 지정학적 갈등, 기후 변화라는 복합적인 위기 속에 놓여 있다. 그러나 역설적이게도, 바로 이 혼돈의 한복판에서 위기를 기회로 바꾸려는 혁신적인 창업자들은 그 어느 때보다 뜨겁게 끓어오르고 있다.

그렇다면 왜 하필 이 시점에 우리는 다시 창업이라는 험난한 길을 이야기해야 하는가? 안정적인 삶을 뒤로하고 광야로 나서는 것이 과연 합리적인 선택인가? 이에 대한 답은 명확하다. 우리가 발 딛고 선 환경이 변했고, 우리가 쥘 수 있는 기회가 폭발적으로 확대됐으며, 무엇보다 개인의 주도성이 과거와 비교할 수 없을 만큼 커졌기 때문이다. 판은 뒤집혔고, 닫혀 있던 문은 열렸다. 이제 남은 것은 당신이 그 무대의 주인이 되는 것뿐이다.

창업 환경이 근본적으로 바뀌었고 판이 달라졌다

창업을 둘러싼 공기가 과거와는 다르다. 과거의 창업이 열정과 아이디어에 의존했다면, 현재의 창업은 AI와의 결합이 생존의 전제 조건이 되었다. 스타트업 게놈 Startup Genome 이 발표한 〈2025 글로벌 스타트업 생태계 보고서〉는 전 세계 350여 개 스타트업 생태계에서 AI 네이티브 전환을 핵심 성공 요인으로 처음 공식화했다. 이제 AI를 이해하지 못하고, 비즈니스 모델에 녹여 내지 못하는 창업자는 명함조차 내밀 수 없는 시대가 된 것이다.

더욱 흥미로운 지점은 혁신의 지형도가 바뀌고 있다는 사실이다. 글로벌 스타트업 맵핑 기관인 스타트업블링크 StartupBlink 의 분석에 따르면, 미국은 여전히 압도적인 1위를 지키고 있지만, 그 성장률은 상위 50개국 중 하위권인 18.2%에 머물렀다. 이것이 시사하는 바는 충격적이다. 혁신의 주도권이 실리콘밸리라는 특정 지역을 넘어 전 세계 신흥 지역으로, 그리고 당신이 있는 바로 그곳으로 넘어가고 있다는 신호다.

실리콘밸리만 바라보며 "한국은 시장이 작아서 안 돼", "지방이라서 인프라가 없어서 안 돼"라고 자조하던 시절은 끝났다. 기술과 자본은 국경이라는 물리적 장벽을 넘어 빛의 속도로 흐른다. 서울이든, 부산이든, 혹은 당신의 방구석이든 상관없다. 바야흐로 물리적 거점을 넘어선 글로벌 분산과 각 지역의 문제를 해결하는 지역 특화 모델이 통하는 시대다. 창업의 판은 더 넓고 평평해졌으며, 기회는 이미 당신의 발밑에까지 와 있다.

창업의 기회가 확대됐다

자본과 기술이 당신을 기다린다. 자본, 기술, 시장이 동시에 문을 활짝 열어젖혔다. 뉴스에서 "자본 흐름이 경색되었다", "투자 혹한기다"라고 말한다. 하지만 그것은 준비되지 않은 사람들의 핑계일 뿐이다.

특히 주목해야 할 것은 돈의 흐름이다. 최근 몇 년간 글로벌 벤처투자금의 절반에 육박하는 자금이 AI 딱지가 붙은 스타트업에 쏠렸다. 돈이 없는 게 아니라 될 놈에게만, 혁신을 주도하는 곳에만 자본이 몰리고 있는 것이다.

게다가 창업 비용은 역대 최저 수준으로 떨어졌다. 과거에는 수천만 원, 수억 원이 들었던 서비스 개발이 이제는 클라우드 인프라, 오픈 소스 AI 모델, 그리고 코딩을 몰라도 앱을 만드는 노코드 툴 덕분에 획기적으로 쉬워졌다. 개발자 10명이 밤새워야 했던 일을 이제는 기획자 혼자서 AI 에이전트와 함께 해낼 수 있다. 글로벌 플랫폼을 통해 전 세계 고객에게 즉시 접근할 수 있게 되면서 과거의 대규모 마케팅 비용 장벽도 무너졌다. 이제는 아이디어와 실행력, 그리고 노트북한 대면 세상을 놀라게 할 수 있다. 진입 장벽이 낮아졌다는 것, 그것은 곧 당신이 창업하기 어렵다는 핑계가 사라졌다는 뜻이기도 하다.

개인의 주도성이 커졌다

이제는 가치관이 변해 타인에 의해 휘둘리는 삶이 아니라 자신의 인생을 주도적으로 살기 위해 노력하는 사람들이 늘어나고 있다. 가

이던트 파이낸셜 Guidant Financial의 조사에 따르면, 신규 창업자 중 약 28%가 내 사업을 하기 위해, 약 22%가 회사 생활이 만족스럽지 않아서 창업을 선택했다고 답했다. 이는 단순히 돈을 벌기 위함이 아니다. 개인의 삶과 일의 의미가 전통적인 직장인 모델을 넘어 내가 주도하는 삶, 내가 결정하는 일로 전환되고 있음을 보여 준다.

팬데믹 이후 보편화된 비대면, 원격 근무는 시간과 공간의 제약을 지워 버렸다. 더 많은 사람이 창업을 막연한 꿈이 아닌 현실적인 선택지로 인식하게 되었다. 회사의 부속품으로 소모되기보다, 오너 일가의 현대판 노예로 살기보다, 자신의 이름으로 승부하고 싶은 욕구가 폭발하고 있다. 더 이상 남의 꿈을 이루어 주기 위해 당신의 소중한 밤을 지새우지 마라.

물론 현실을 직시해야 한다. 최근 자료들은 창업의 성공률이 여전히 높지 않음을 보여 준다. 디멘드세이지 Demandsage의 데이터에 따르면 전 세계 스타트업 중 장기적으로 생존하고 성공을 지속하는 비율은 약 10% 수준이다. 90%는 실패한다. 그럼에도 불구하고 우리가 다시 창업해야 하는 이유는 명확하다. 환경은 새로워졌고, 기회는 넘쳐나며, 당신은 그 어느 때보다 강력한 주도성을 가졌기 때문이다. 성공확률 10%라는 숫자에 겁먹지 마라. 변화된 환경을 이용하고, 새로운 도구를 손에 쥔다면 그 10%는 당신의 것이 될 수 있다. 지금이야말로 아이템을 발굴하고 실행할 적기다.

창업의 길에는 언제나 위험과 불확실성이 따른다. 하지만 거시 경제의 침체나 시장의 위축을 이유로 도전을 주저하는 것은 현상의 표면만 바라보는 것이다. 오히려 비즈니스 생태계의 작동 원리가 과거와 완전히 다른 차원으로 진화했고 AI를 비롯한 기술의 진보가 기존의 거대한 진입 장벽을 붕괴시킨 지금이야말로, 역설적으로 새로운 판을 주도할 창업을 결단해야 할 최적의 시기다. 불확실성의 바다를 뚫고 나아갈 당신만의 견고한 비즈니스 항해 지도를 설계하자. 판은 뒤집혔고, 기회의 문은 열렸으며, 이제 당신이 주인이 될 차례다.

AI에 1달러를 투자하면 3.7달러가 돌아온다

AI가 비즈니스의 지도를 새로 그리고 있다. 우리가 목격하고 있는 생성형 AI의 파도는 단순한 업무 보조 도구의 등장이 아니다. 기업 활동의 시작부터 끝까지 전 과정을 혁신하며, 산업 구조 자체를 송두리째 탈바꿈시키는 엄청난 지각 변동이다. 그 변화의 속도는 인류 기술 역사상 가장 빠르다. 2023년에서 2024년 사이, 불과 1년 만에 기업들의 생성형 AI 도입률은 30%대에서 65%로 2배나 급증했다. 이는 스마트폰이나 인터넷의 보급 속도를 훨씬 상회하는 수치다. 현재 〈포춘〉 500대 기업의 92%가 오픈AI의 기술을 비즈니스 프로세스에 접목하고 있으며, 전 세계 200만 명 이상의 개발자가 API를 통해 매일같이 새로운 가치를 창출하고 있다.

이 흐름이 만들어 낼 경제적 가치는 상상을 초월한다. 맥킨지McKinsey

의 추산에 따르면, 생성형 AI가 창출할 수 있는 잠재적 경제 가치는 연간 최대 4조 4,000억 달러에 달한다. 이것이 얼마나 큰 숫자인지 감이 오는가? 유럽의 경제 엔진인 독일의 전체 GDP를 웃도는 규모가 오직 AI 기술 하나로 인해 매년 새롭게 만들어진다는 뜻이다. 시장의 성장세 또한 폭발적이다. 생성형 AI 시장은 연평균 41.5%라는 경이로운 고성장을 지속하여, 2030년을 지나 2034년에는 마침내 1조 달러 클럽에 도달할 것으로 전망된다.

기대감이 아니라 수익률이다

이제 AI 도입을 두고 고민하는 것은 아직도 현실을 제대로 인식하지 못하고 있는 것이다. 생성형 AI의 비즈니스 가치는 더 이상 추상적인 기대감이 아니다. 구체적이고 냉정한 투자 수익률ROI, Return on Investment로 증명되고 있다. 데이터는 명확하다. 기업이 AI에 1달러를 투자할 때마다 평균 3.7달러의 수익을 거두고 있다. 이는 370%의 수익률이다. 특히 데이터 활용이 빠른 금융 서비스 분야는 4.2배의 ROI를 기록하며 선두를 달리고 있다.

더 놀라운 것은 AI 도입에 따른 기업 간의 격차다. 마이크로소프트가 후원한 IDC의 보고서에 따르면, AI 도입을 선도하는 기업들은 평균 10.3달러라는 경이로운 ROI를 달성했다. 남들이 3배 벌 때, 선도 기업은 10배를 벌어들인다는 뜻이다. 금융 서비스를 필두로 미디어, 통신, 모빌리티, 소매, 유통, 에너지, 제조, 헬스케어 등 전 산업군에서 가시적인 성과가 터져 나오고 있다. 맥킨지의 〈2025 AI 현황 보고서〉는 전 세계 조직의 71%가 이미 생성형 AI를 실무에 활용 중이며, 이를 통해 비용 절감을 넘어 실질적인 매출 증대 효과를 보고 있음을 확인해 주었다. 이제 AI는 R&D 부서의 실험 대상이 아니라 CFO ^{최고 재무} ^{책임자}가 관리하는 기업의 핵심 자산이 되었다.

인간의 한계를 기술로 확장하다

생산성 측면에서의 혁신은 구체적인 수치로 명확히 입증된다. 하버드대학교와 펜실베이니아대학교의 공동 연구 결과는 더욱 충격적이다. 마케팅, HR, 고객 서비스 분야에서 AI 자동화를 도입하면 생산성이 40%까지 향상되는 것으로 나타났다. 이는 직원 10명이 매달려야 했던 일을 6명이 더 높은 퀄리티로 해낼 수 있다는 의미다. 근로자 개인 차원에서도 변화는 뚜렷하다. AI 활용은 주당 업무 시간의 5.4%를 절감시켰으며, 이를 통해 전체 인력의 생산성을 1.1% 끌어올렸다. 이는 단순한 시간 절약이 아니다. 펜실베이니아대 와튼스쿨의 예산 모델은 AI 도구를 도입하면 기업의 평균 노동 비용을 약 25% 절감할 수 있으며, 앞으로 수십 년 안에 그 폭이 40%까지 확대될 것으로 예상된다. 이는 기업의 고질적인 문제인 인건비 부담을 획기적으로 줄여 줄 수 있는 유일한 열쇠다.

경영진들 역시 이 가치를 확신하고 있다. 와튼 스쿨과 GBK 컬렉티브 _{GBK Collective}의 연구에 따르면, 기업 리더들의 82%가 매주 생성형 AI

를 업무에 활용하고 있으며, 절반에 가까운 리더들은 매일 비서처럼 사용한다. 또한 리더의 72%는 단순히 '써 보니 좋다'가 아니라 수익성, 처리량, 생산성 등 핵심 성과 지표 KPI, Key Performance Indicator와 연동하여 AI의 성과를 추적하고 있다. 초기 투자 기업의 75%가 긍정적인 수익을 보고하고 있다는 사실은 지금 당장 AI를 도입해야 할 가장 강력한 근거다.

산업별로 파고들면 변화의 깊이를 더욱 실감할 수 있다. 먼저 고객 서비스 분야에서는 AI를 도입하는 것이 당연한 일이 되었다. 상담원 연결을 하염없이 기다리는 것은 옛말이다. 통화 녹취 자동화, 감정 분석을 통한 스마트 답변 생성, 24시간 고객 응대가 자동화되고 있다. 이에 따라 70%의 고객 서비스 리더가 2023년 이후 생성형 AI에 대한 신뢰도가 상승했다고 답했다.

마케팅 영역에서는 크리에이티브의 민주화가 일어났다. 마케팅 부서의 73%는 브리프 작성, 캠페인 콘셉트 도출, 대규모 개인화 콘텐츠 제작에 이미 AI를 활용 중이다. 이제 카피라이터와 디자이너는 AI라는 무기를 들고 생성이 아닌 디렉팅에 집중한다.

숫자를 다루는 금융 서비스에서 AI는 더욱 빛난다. 리스크 관리, 규제 모니터링, 방대한 데이터 수집 등 인간이 하기 싫어하는 저부가 가치 업무를 자동화하는 동시에 고객 상담의 초개인화와 자산 관리 자동화에서 높은 가치를 창출하고 있다.

마지막으로 생명을 다루는 헬스케어 영역에서도 AI는 필수가 되었다. 임상 운영 가속화, 복잡한 의료 문서화, 보험 청구 처리 등 백오피스 업무의 효율화를 통해 의료진이 환자 케어라는 본질에 집중할 수 있도록 돕고 있다.

챗봇을 넘어 에이전틱 AI의 시대로

생성형 AI는 이제 단순한 도구를 넘어 산업의 구조 자체를 재편하고 있다. 가장 두려운 것은 선도 기업과 관망하는 기업 간의 속도 격차다. AI 도입을 서두르는 쪽과 머뭇거리는 쪽의 간극은 갈수록 벌어지고 있으며, 특히 고객 서비스 영역에서 그 차이가 두드러진다. 기업의 59%는 AI가 고객 상호 작용 방식을 근본적으로 바꿀 것이라 전망한다. 하지만 빛이 있으면 그림자도 있는 법이다. 고객의 75%는 데이터 보안을 우려하고 있으며, 기업의 45%는 AI를 효과적으로 구현할 전문 인력 부족을 호소하고 있다. 바로 이 지점이 스타트업이 파고들어야 할 틈새시장이다. 보안이 강화된 AI 솔루션이나 기업 맞춤형 AI 도입 컨설팅이 돈이 되는 이유가 여기에 있다.

현재 AI 관련하여 가장 떠오르는 키워드는 단연 '에이전틱 AI'다. 사용자가 일일이 지시하지 않아도 스스로 목표를 설정하고, 계획을 세워 작업을 완수하는 자율형 AI를 말한다. 단순히 정보를 제공하던 생성형 AI를 넘어 도구 사용 및 행동 능력을 갖춰 비서처럼 실질적인 문제 해결을 주도하는 차세대 AI 패러다임이다. BCG 연구에 따르면 응답자의 67%가 AI 에이전트 도입을 고려 중이다. 묻는 말에 대답만 하는 수동적인 챗봇이 아니라 스스로 판단하고 이메일을 보내고 예약을 잡는 행동하는 AI가 온다. KPMG는 2026년을 "AI 에이전트와 기업 전반에 걸친 AI 확장의 해"로 규정했다. 경제 불확실성 속에서도 2024년 생성형 AI에 대한 글로벌 벤처 투자가 450억 달러를 넘어섰다는 EY의 보고서는 전 세계의 자본이 어디로 흐르고 있는지를 명확히 보여 준다.

결론은 명확하다. 파도는 이미 쳤고, 물길은 바뀌었다. 이제 당신은 휩쓸릴 것인가, 아니면 이 거대한 파도 위에 올라탈 것인가?

03

거의 완벽한 비즈니스 구조, AI 네이티브 스타트업

AI 네이티브 스타트업과 전통적인 스타트업의 가장 큰 차이는 직원당 매출RPE, Revenue Per Employee이라는 효율성 지표에서 적나라하게 드러난다. 현재 상위 10개 AI 네이티브 스타트업의 직원당 평균 매출은 무려 348만 달러에 달한다. 이는 전통적인 SaaS 기업의 평균인 61만 달러보다 5.7배나 높은 압도적인 수치다. 미드저니 같은 특수한 케이스가 통계를 왜곡한다고 생각할 수 있지만, 이를 통계적 이상치로 제외하더라도 나머지 기업들의 평균 RPE는 247만 달러에 육박한다. 여전히 전통적 벤치마크인 20만 달러를 4.1배나 상회하는 것이다.

이러한 격차를 구체적인 사례로 들여다보면 더욱 충격적이다. 제품출시 단 3개월 만에 연간 반복 매출ARR, Annual Recurring Revenue 1,700만 달러를 달성한 러버블Lovable의 팀원은 고작 15명에 불과하다. 오픈AI

역시 약 7,000명의 직원으로 200억 달러라는 천문학적인 매출을 올리며 직원당 약 300만 달러 이상의 생산성을 기록 중이다. 더욱 놀라운 것은 200억 달러의 매출이 연간 반복 매출이라는 점이다. 미드저니는 단 11명의 인원으로 수백만 명의 사용자를 처리하며 극단적인 효율성을 보여 준다. 과거 수백 명의 직원이 달라붙어야 했던 고객 응대, 품질 관리, 기술 지원 업무를 AI 시스템으로 완벽하게 자동화했기에 가능한 일이다.

전통적인 스타트업의 성장 방정식은 언제나 더 많은 직원을 채용하여 규모를 키우는 것이었다. 그러나 AI 네이티브 스타트업은 이 공식을 철저히 파괴하고 있다. 커서Cursor, 머코어Mercor, 일레븐랩스ElevenLabs 같은 기업들은 30~50명 남짓한 인원만으로 연간 1억 달러 이상의 매출을 창출하고 있다. 투자자들의 분석에 따르면, 이들은 대규모 영업 조직을 꾸리는 내신 제품 자체의 바이럴리티와 AI 기반의 마케팅 자동화를 통해 폭발적인 성장을 이루어 냈다.

AI 네이티브 기업은 인력 투입에 비례하여 성장하는 것이 아니라 고도의 자동화와 소수 정예 팀으로 제품 시장 적합성PMF, Product-Market Fit을 달성하는 것이다. '확장하려면 채용해야 한다'는 고정 관념이 완전히 무너진 셈이다. 연간 반복 매출 1억 달러를 달성하는 데 필요한 인력을 역사적으로 비교해 보면 그 변화 속도는 더욱 놀랍다. 2000년대 초 링크드인LinkedIn이 약 900명이 필요했고, 2010년대 슬랙Slack이 약 250명이 필요했던 반면, 현재의 AI 네이티브 스타트업은 단 20~50명으로 이를 달성하고 있다.

자본 효율성 측면에서도 AI 네이티브 기업은 성과가 탁월하다. 소위 '슈퍼 린Super Lean'이라 불리는 AI 스타트업의 평균 팀 규모는 19명에 불과하다. 통상적으로 창업자 2명으로 시작해 1년 차에 엔지니어 2~3명을 채용하고, 이후 연간 5명 내외를 채용하여 3년 차에도 20명 미만의 조직을 유지하는 식이다. 이들 중 66%가 벤처 캐피탈 투자를 유치했으며, 평균 투자 유치액은 3,200만 달러에 달한다.

더욱 놀라운 점은 이들 기업의 74%가 이미 수익을 내고 있다는 사실이다. 과거 닷컴 기업이나 플랫폼 기업들이 시장 점유율 확보를 위해 수년간 막대한 적자를 감수했던 것과는 완전히 대조적이다. 미국 기술 스타트업의 시리즈 A 평균 투자금은 2020년 대비 50% 증가한 1,500만 달러인 반면, 직원당 펀딩 금액은 32만 달러로 2배나 증가했다. 이는 투자자들이 덩치만 큰 기업이 아니라 적은 인원으로 더 큰 성과를 내는 고효율 스타트업에 더 높은 밸류에이션을 부여하고 있음을 방증한다.

지능을 품은 비즈니스 모델

AI 네이티브 스타트업인지 아닌지를 판별하는 기준은 간단하다. 내일 당장 회사에서 AI를 제거했을 때 여전히 고객에게 가치를 제공할 수 있는가를 물어 보면 된다. AI를 도구로만 쓰는 전통 기업은 업무 속도가 느려질 뿐 운영 자체는 가능하다. 그러나 진정한 AI 네이티브 기업은 붕괴한다. 지능이 비즈니스의 본질 그 자체이기 때문이다.

퍼플렉시티Perplexity를 예로 들어 보자. 그곳에는 답변을 작성하는 인간 연구원이 단 한 명도 없다. AI가 모든 질문에 대해 실시간으로 고유한 답변을 생성한다. AI가 사라지면 제품 자체가 소멸하는 구조다. 또한 이들의 시스템은 자가 발전한다. 고객의 사용 데이터가 시스템을 자동으로 학습시켜 더 똑똑하게 만들며, 가격 정책이나 고객 라우팅 같은 중요한 의사 결정도 인간의 지루한 회의 없이 데이터에 기반해 자동으로 이루어진다.

전통적인 비즈니스는 규모의 확장과 서비스의 개인화 사이에서 양자택일을 강요받았다. 고객이 늘어나면 상담원이 늘어나야 하고, 비용은 기하급수적으로 증가하기 때문이다. 하지만 AI 네이티브 기업은 이 딜레마를 해결했다. 미드저니는 AI 시스템을 통해 단 11명이 수백만 명을 응대한다. AI는 지치지 않고, 퇴사하지 않으며, 24시간 완벽한 품질을 유지한다. 피플렉시티는 수백만 개의 질문에 모두 다른, 완벽하게 개인화된 답변을 제공한다. 이는 한계 비용이 거의 0에 수렴하는, 경제학적으로 완벽에 가까운 비즈니스 구조다.

04

더 빠르고 더 가벼워졌다, 초경량 창업

AI는 벤처 캐피털 시장의 규칙도 다시 쓰고 있다. 초기 스타트업이 이미 수십만 달러의 매출을 내고 있다면 굳이 헐값에 지분을 넘길 이유가 없다. 더 오랫동안 부트스트래핑^{자력 성장}을 유지하다가 충분한 협상력을 갖췄을 때 투자를 유치하는 것이 가능해졌다. 부트스트래핑^{Bootstrapping}이란, 창업자가 외부 투자나 대출 없이 개인 자금이나 사업에서 발생한 수익으로 운영 및 성장을 도모하는 방식을 말한다. 핵심은 빠른 수익성 확보이며, 지분 방어와 경영 자율성이 높지만, 자금 부족 위험과 성장 속도 제약이 단점이다. 이는 창업자와 투자자 간의 권력 균형을 창업자 쪽으로 이동시키고 있다. 투자자들은 키워드만 AI가 아닌, 자동화를 통해 방어 가능한 경쟁 우위를 갖춘 기업을 애타게 찾고 있다.

물론 변화한 시장의 규칙에 따라 도전 과제도 많이 있다. 최고 수준의 AI 엔지니어를 확보하는 것은 가장 큰 난관이다. '빅테크에서 50만 달러의 연봉을 받는 엔지니어를 어떻게 초기 스타트업으로 데려올 것인가'라는 질문에 답해야 한다. 글로벌 인재 풀은 얇고, 자본은 특정 분야로 쏠리기에 혁신을 이루는 동시에 인재 확보 경쟁에서도 이겨야 하는 어려움에 놓여 있다.

물론 전통적인 대기업들도 반격의 준비를 하고 있다. 그들은 자체 개발보다 빠르고 확실한 방법, 즉 공격적인 M&A를 통해 AI 역량을 흡수하고 있다. 특히 법률, 의료, 보험 등 특정 산업 SaaS 영역에서 AI 네이티브 스타트업들이 깊숙이 침투함에 따라 기존 플레이어들은 진화하느냐, 도태되느냐의 기로에 서 있다.

결국 장기적인 경쟁 우위를 가르는 것은 양적인 지표 차이보다 조직 문화의 차이다. 성공한 AI 네이티브 스타트업들에게서 발견되는 공통점은 치열한 근무 윤리다. 그들은 인류가 탄생한 이래 가장 큰 규모의 기회가 눈앞에 있음을 알기에 몰입의 강도가 다르다. 대규모 인력 채용을 자랑으로 여기지 않으며, 오히려 가장 린Lean한 조직으로 최고의 성과를 내는 것에 자부심을 느낀다. 이는 AI 시대에 비즈니스를 만드는 방식의 근본적인 차이다.

AI로 완성된 린 스타트업

샘 알트먼이 예견했던 직원 없는 1인 유니콘 기업의 탄생이 현실로 다가왔다. 과거 기술 혁신의 파도에서는 문제를 해결하기 위해 사람을 고용했다면, AI 시대에는 AI 에이전트를 고용한다. 10명의 정예 직원과 1,000개의 AI 에이전트가 결합된 조직이 1만 명의 비대한 대기업보다 더 높은 생산성을 발휘하는 시대가 왔다.

린 스타트업 방법론과 AI의 결합은 창업의 비용 장벽을 획기적으로 낮췄다. SaaS나 도구 기반의 AI 스타트업을 런칭하는 데 드는 비용은 기성 도구를 활용할 경우 200~2,000달러 수준에 불과하다. 복잡한 맞춤형 MVP^{MVP, Minimum Viable Product}조차 3만 5,000~15만 달러면 충분하며, AI 기반 코딩 툴을 활용하면 개발 비용을 기존 대비 20~50% 절감할 수 있다. 기술 공동 창업자나 거액의 초기 자본 없이도 복잡한 제품을 만들 수 있는 길이 열린 것이다.

이에 따라 AI 시대의 린 스타트업은 '채용하기 전에 자동화하라'는 자동화 우선 원칙을 따른다. 고객 지원, 콘텐츠 제작, 엔지니어링 등 모든 영역에서 사람이 투입되기 전에 AI 솔루션을 먼저 적용한다. 미드저니와 레플릿^{Replit} 같은 기업들은 '린하다'는 것이 단순히 규모가 작다는 것이 아니라 날카롭고 빠르며 집중되어 있다는 것을 보여 준다. 이메일 관리는 픽서^{Fyxer}나 슈퍼휴먼^{Superhuman}에게 맡기고, 일정 조율은 캘린들리^{Calendly}에게 위임하며, 브라우저 작업은 퍼플렉시티나 클로드 같은 에이전트가 처리한다. 인프라 역시 슬랙^{Slack}과 노션^{Notion}에 메이크^{Make}나 n8n 같은 자동화 툴을 연동하여 무인으로 돌아가는 시스템을 구축한다. 마케팅과 영업 또한 업사이드^{Upside}, 아폴로^{Apollo}, 스마트리드^{Smartlead} 등을 통해 잠재 고객 발굴부터 아웃바운드

메일 발송까지 자동화하여 효율을 극대화한다.

과거 스타트업이 시장 점유율 확대를 위해 의도적인 적자를 감수했다면, AI 스타트업의 74%는 이미 수익을 내고 있다. 〈포브스〉에 따르면 무료 AI 도구만 잘 활용해도 주당 최대 8.1시간을 절약할 수 있으며, 이는 1인 창업자의 산출물을 물리적으로 2배로 늘려 주는 효과를 낳는다. 초기부터 수익에 집중하고, 고정비를 줄이며, 모든 수익을 성장에 재투자하는 것이 이들의 핵심 생존 전략이다.

더 빠르게 실험하고 더 빠르게 반복하라

또한 AI 도구는 아이디어 구상에서 시장 출시 Go-to-market 까지의 시간을 극단적으로 단축했다. '빠르게 실험하고 더 빠르게 반복하라'는 말은 이제 현실이 되었다. 초기 스타트업은 월 100~500달러의 비용으로 주당 10~15시간의 인간 노동을 대체할 수 있으며, 성장 단계 기업은 월 2,000달러를 투자해 주당 40시간 이상을 절약하고 업무 정확도를 80%까지 향상시킨다. 시장 검증 과정도 빨라졌다. 밸리데이터 AI Validator AI 등으로 시장 수요를 즉시 확인하고, 버블 Bubble 이나 글라이드 Glide 같은 노코드 툴로 코딩 없이 제품을 만든 뒤, 사용자 피드백을 AI로 분석해 즉시 반영한다. 스타트업 실패의 42%가 시장 수요 부족 때문임을 고려하면 AI는 이 리스크를 가장 저렴하고 빠르게 제거해 주는 보험과도 같다.

인재 채용의 기준도 바뀌었다. 소수의 고성능 제너럴리스트 10명이 평범한 전문가 50명을 능가한다. 채용 시 가장 중요한 기준은 단연 AI 리터러시다. 자신의 업무 능력을 AI 도구로 증강시킬 수 있는 인재가 0순위다. 또한 이제 1인 기업도 태생부터 본 글로벌이 가능하다. AI 번역과 다중 모달 어시스턴트를 활용하면 언어와 국경의 장벽 없이 코딩, 온보딩, 인터페이스 생성이 가능하다. 빠르게 구축하고, 똑똑하게 테스트하고, 검증되면 글로벌로 확장하는 것이 새로운 표준이 되었다.

AI는 비즈니스 환경을 개선하는 것이 아니라 재건축하고 있다. 생성형 AI가 창출하는 연간 4조 달러 이상의 경제적 가치와 3.7배에 달하는 투자 수익률은 이것이 일시적인 유행이 아님을 증명한다. AI 네이티브 스타트업은 직원당 매출을 5배 이상 끌어올리며 스타트업의 경제학을 다시 썼다. 린 스타트업 방법론은 AI와 결합하여 창업 비용을 수백 달러 수준으로 낮추고, 1인 유니콘 기업의 가능성을 현실로 만들었다.

그러나 이러한 기술적 진보는 경쟁의 본질을 바꾸어 놓았다. 이제 승패는 누가 더 빠르게 실행하고, 고객을 깊이 이해하며, 데이터를 효율적으로 관리하는가에 달려 있다. AI 기술이 보편화될수록 역설적으로 인간 고유의 창의성, 도메인에 대한 깊은 전문성, 그리고 전략적 사고가 더욱 중요한 차별화 요소로 부상하고 있다.

결국 AI는 도구다. 하지만 비즈니스를 구축하고 운영하는 방식을 송두리째 바꾸는 가장 강력한 도구다. 이 거대한 변화의 파도를 이해

하고 적극적으로 올라타는 창업자만이 향후 10년을 지배하는 승자가
될 것이다.

05

왜 스타트업은 개발이 아니라
기획에 집중해야 하는가?

　　노코드 No-Code 및 로우코드 Low-Code 플랫폼 시장은 이제 기술 생태계의 중심이 되었다. 과거에는 틈새시장이나 비주류로 취급받았으나, 이제는 명실상부한 산업의 표준으로 자리 잡았다. 숫자는 거짓말을 하지 않는다. 글로벌 로우코드 개발 플랫폼 시장은 2024년 287억 5,000만 달러에서 2032년까지 무려 2,644억 달러까지 팽창할 전망이다. 연평균 성장률 CAGR, Compound Annual Growth Rate 32.2%라는 수치는 전세계 기술 섹터를 통틀어 가장 폭발적인 성장세다. 노코드 시장 역시 2024년 281억 달러에서 불과 1년 만에 358억 달러로 27% 이상 급성장했으며, 2030년에는 1,000억 달러를 가볍게 돌파할 것으로 보인다. 이 데이터들이 가리키는 방향은 명확하다. 노코드와 로우코드는 더 이상 개발자가 없는 스타트업의 임시방편이 아니다. 엔터프라이즈 기업부터 1인 기업까지 IT 산업을 지탱하는 주류 인프라로 완전히 자리 잡았다.

이는 시장 규모가 커진 차원을 넘어 소프트웨어 개발의 패러다임이 송두리째 바뀌었음을 의미한다. 과거 소프트웨어 개발은 IT 부서와 전문 코더들의 성역이었다. 연봉이 가장 높은 직군이었고, 대학에서는 컴퓨터공학과가 가장 인기가 많았으며, 빅테크 기업에서도 서로 모셔가려고 했다. 하지만 그 화려한 시절은 막을 내렸고 견고했던 성벽은 무너졌다.

가트너Gartner의 예측대로 신규 애플리케이션의 70%가 로우코드 또는 노코드 기술을 기반으로 구축되고 있다. 불과 5년 전인 2020년과 비교하면 채택률이 3배나 급증한 것이다. 머지않아 전체 신규 앱의 75%가 이 기술 위에서 구동될 것이다. 이미 2022년부터 맞춤형 앱의 60%가 IT 부서 밖에서 만들어지기 시작했다. 이제 개발의 주도권은 코드를 짜는 기술자에게서 비즈니스 문제를 가장 잘 아는 현업 담당자에게로 완전히 이동했다. 이것은 기술의 진보이자 비즈니스 권력의 이동이다.

바야흐로 기술 제품 및 서비스의 80%가 비전문 개발자에 의해 만들어지는 시민 개발자의 시대가 도래했다. 현재 기업의 41%가 이미 활발한 시민 개발 이니셔티브를 운영 중이며, 나머지 기업들도 도입을 서두르고 있다. 가장 충격적인 변화는 개발자의 구성이다. 시민 개발자의 수가 전문 개발자를 4대 1의 비율로 압도한다. 이는 마케터, HR 담당자, 영업 사원, 그리고 코딩을 모르는 예비 창업자가 직접 자신의 아이디어를 소프트웨어로 구현하는 것이 상식이 되었음을 뜻한다. 기술 창업의 진입 장벽이 역사상 가장 낮아진 시대, 아이디어와 실행력만 있다면 누구나 창업자가 될 수 있다.

코딩을 몰라서 창업을 못 한다는 말은 이제 핑계가 되었다. 실제 데이터가 이를 증명한다. 관련 설문 조사에 따르면, 노코드 툴 연구 참가자의 24%는 코딩 경험이 전무했고, 40%는 매우 제한적인 경험만 가지고 있었다. 그러나 그들은 모두 기능적인 애플리케이션을 성공적으로 구축해 냈다. 더 고무적인 것은 시민 개발을 도입한 기업의 약 79%가 첫해에 최소 하나의 웹 애플리케이션을 런칭했다는 사실이다. 이는 비기술 창업자들에게 기술적 지식이 더 이상 필수가 아님을 뜻한다. 복잡한 문법을 배우는 대신 '무엇을 만들 것인가'에 집중하는 것만으로도 충분한 시대가 열린 것이다.

비주류에서 산업의 표준이 된 노코드

노코드는 단순히 쉬운 도구가 아니다. 압도적으로 효율적인 도구다. 노코드 프로젝트는 평균 2,560%라는 비현실적인 투자 수익률을 기록한다. 91.9%의 프로젝트가 첫해에 투자를 회수하며, 94.6%가 3개월 이내에 구현을 완료한다. 전통적인 개발 방식보다 최대 10배 더 빠른 속도는 스타트업에게 생명줄과 같다. 시민 개발을 도입한 조직의 71%가 개발 속도를 50% 이상 단축했고, 30%는 2배 이상의 속도 향상을 경험했다. 속도가 곧 생존인 스타트업 시장에서 노코드 도입은 선택이 아니라 경쟁 우위를 점하기 위한 필수 생존 전략이다.

산업별로 살펴보면 금융 서비스, 헬스케어, 소매업이 이 혁명의 최전선에 있다. 이들은 워크 플로 자동화, 고객 포털 구축, 디지털 프론트엔드 혁신을 위해 노코드 도구를 적극적으로 도입하고 있다. 앞으로 새로운 SaaS 솔루션의 70% 이상이 로우코드, 노코드 구성 요소를 포함할 것이며, 대규모 SaaS 기업의 80%가 이를 활용할 것이다. 특히 주목할 곳은 헬스케어다. 2032년까지 36.55%라는 가장 빠른 성장률을 보일 것으로 예상된다. 복잡한 의료 데이터를 다루면서도 빠른 디지털 전환이 필요한 이 분야는 특화된 노코드 애플리케이션 창업을 꿈꾸는 이들에게는 블루오션이다.

여기에 AI가 통합되면서 노코드 플랫폼은 또 한 번 진화했다. 이제는 드래그 앤 드롭 수준이 아니라 지능형 자동화 도구로 거듭났다. 노코드 플랫폼의 70% 이상이 AI 기능을 통합하고 있으며, 노코드 AI 시장은 2030년까지 244억 달러로 폭발적 성장이 예고된다. 이제 시민 개발자는 앱 빌더를 넘어 AI 지원 자동화, 시스템 간 오케스트레이션, 규정 준수까지 포함하는 엔터프라이즈급 기능을 손쉽게 다룬다. '이런 기능이 필요해'라고 텍스트로 입력하면 AI가 로직을 짜 주는 시대, 비즈니스 부서가 IT 병목 없이 도메인별 문제를 직접 해결하는 초생산성의 시대가 열렸다.

비용의 혁명 또한 놀랍다. 아달로Adalo, 글라이드Glide, 텅커블Thunkable 같은 플랫폼은 월 50달러 미만의 비용으로 네이티브 모바일 앱 개발 환경을 제공한다. 수천만 원, 수억 원의 외주 개발비가 필요했던 과거와는 차원이 다르다. 마이크로소프트 파워 플랫폼이 연 매출 20억 달러, 월간 활성 사용자 700만 명을 기록하며 성장률 70%를 달성한 것은 이러한 도구들이 얼마나 대중화되었는지를 보여 준다. 초기 자본이 부족한 스타트업에게 이 저렴하고 강력한 도구들은 대기업과 경쟁할 수 있게 해 주는 다윗의 돌팔매와 같다.

물론 노코드가 만능열쇠는 아니다. 레거시 시스템과의 복잡한 통합이나 초고성능 최적화가 필요한 대규모 프로젝트에는 여전히 한계가 존재한다. 최신 플랫폼들이 iPaaS^{통합 플랫폼} 기능을 내재화하며 호환성 문제를 해결하려 노력하고 있지만, 여전히 과제는 남아 있다. 그러나 중요한 것은 노코드와 로우코드가 기술적 배경이 없는 창업자들에게 이전에는 불가능했던 방식으로 아이디어를 실현할 권한을 주었다는 사실이다. 한계를 명확히 인식하되 가설 검증과 MVP 단계에서 이 도구가 주는 압도적인 속도와 효율성을 활용한다면 창업은 이상이 아닌 현실이 된다.

06

AI는
퇴근하지 않는다

지금까지 우리가 사용해 온 AI가 단순히 묻는 말에 대답하는 똑똑한 챗봇이었다면, 이제 마주하는 AI는 차원이 다르다. 바로 에이전틱 AI Agentic AI의 등장이다. 이것은 단순한 자동화 도구가 아니다. 스스로 워크 플로를 설계하고, 필요한 도구를 알아서 찾아 활용하며, 사용자나 시스템을 대신해 자율적으로 작업을 완수해 내는 지능형 시스템이다.

핵심은 자율성에 있다. 인간이 일일이 명령어를 입력하지 않아도, 혹은 인간의 감독을 최소화한 상태에서도 복잡한 과업을 끝까지 끌고 가서 목표를 달성해 내는 소프트웨어 솔루션으로 진화한 것이다. 작업의 맥락을 이해하고 '이 과업을 완수하려면 A를 먼저 수행한 뒤 B를 진행해야 한다'는 식의 실행 계획을 수립하고, 이를 자율적으로 수행한다. 거대 언어 모델LLM의 두뇌에 특수 도구 및 인프라와 같은 손과

발을 달아 준 것과 같다. 바야흐로 AI가 실질적인 비즈니스 파트너로 승격된 셈이다.

이 시장의 잠재력은 가늠하기조차 어렵다. 자율 AI 에이전트 시장은 2030년에만 526억 달러 규모에 도달할 것으로 전망된다. 실로 경이로운 성장세다. 전문가들은 2028년이 되면 전체 업무 의사 결정의 15%를 AI 에이전트가 관리할 것으로 예측한다. 이는 기업의 의사 결정 구조가 근본적으로 바뀐다는 것을 의미한다.

딜로이트의 전망을 살펴보면 2025년에는 생성형 AI를 도입한 기업 4곳 중 1곳이 에이전틱 AI 파일럿이나 개념 증명을 시작할 것이며, 2027년에는 이 비율이 50%로 급증할 것이라고 한다. 가트너 역시 2028년까지 기업의 30%가 의사 결정 지원을 위해 에이전틱 AI를 채택할 것으로 내다봤다. 현장의 증거는 더욱 확실하다. IBM과 모닝컨설트가 개발자 1,000명을 대상으로 설문한 결과, 무려 99%가 이미 AI 에이전트를 탐색하거나 개발 중이라고 답했다.

AI 에이전트를 효과적으로 도입하면 비즈니스 프로세스 속도가 30%에서 50%까지 빨라진다. 이는 개선하는 정도가 아니라 퀀텀 점프에 가깝다. 최근 컴퓨팅 파워가 비약적으로 발전하고 AI 최적화 칩이 등장하면서 인간이 저지르는 자잘한 오류는 줄어들고 직원이 기피하는 저가치 업무 시간은 25~40%, 경우에 따라 그 이상 절감되는 효과를 가져왔다. 맥킨지의 추산에 따르면, 생성형 AI가 연간 글로벌 GDP에 2조 6,000억 달러에서 최대 4조 4,000억 달러의 추가 가치를 창출할 수 있다고 한다. 그리고 그 엄청난 성장의 상당 부분을 바로 이 에이전틱 시스템이 주도할 것이다. 즉 에이전트를 적극적으로 활용하는 기업과 그렇지 못한 기업의 격차는 따라잡을 수 없을 만큼 벌어질 것이다.

24시간 가동되는 자율적 공동 창업자

자율 AI 에이전트의 가장 강력한 무기는 바로 독립성과 연속성이다. 인간 직원은 퇴근해야 하고, 잠을 자야 하며, 주말에는 쉬어야 한다. 하지만 에이전트는 24시간 내내 작동된다. 창업자가 주목해야 할 핵심이 바로 이 지점이다. 에이전트는 문자 그대로 논스톱으로 작동한다. 모두가 잠든 새벽 3시에도 에이전트는 서버 로그에서 패턴을 식별하고, 문제를 감지하며, 해결 과정에 참여한다. 창업자가 잠든 사이에도 비즈니스 엔진이 꺼지지 않고 계속 돌아간다는 것, 이는 만성적인 인력 부족에 시달리는 스타트업에게는 천군만마나 다름없다.

그렇다면 도대체 어디에 활용할 것인가? 인간이 일일이 감독하면 오히려 속도가 느려지는 복잡한 다단계 시나리오에서 에이전트는 탁월한 성능을 발휘한다. 시장 조사, 경쟁사 정보 수집, 복잡한 워크 플로 자동화, 웹 탐색 및 데이터 추출, 전략적 의사 결정까지 불가능한 영역이 없다. 특히 소프트웨어 개발 분야에서 커서 Cursor, 윈서프 Windsurf, 보이드 에디터 Void Editor 같은 도구들은 이미 개발자들의 필수품이 되었다. 여기에 깃허브 코파일럿 GitHub Copilot, 클로드 코드 Claude Code, 코드래빗 CodeRabbit, 제미나이 Gemini CLI 등은 사용자가 원하는 프로그래밍 언어로 자율 코딩을 수행한다. 이제 개발자는 코드를 짜는 것이 아니라 코딩하는 에이전트를 관리하는 사람이 되었다. 전자 상거래 및 웹 자동화 영역에서도 구글의 프로젝트 마리너처럼 프롬프트 한 줄만 입력하면 알아서 쇼핑을 하거나 최적의 할인 제품을 찾아내는 등 번거로운 반복 작업을 에이전트가 대신하고 있다.

앞으로 '개발자가 아닌데 어떻게 하나?'라는 걱정은 접어 두어도 좋다. 린디Lindy 같은 노코드 플랫폼이 존재하기 때문이다. 영어로 어떤 업무를 수행해 달라고 설명하고 드래그 앤 드롭만 하면 나만의 AI 에이전트를 구축할 수 있다. 단 몇 분 만에 AI 직원을 채용해서 전화 통화, 이메일 답장, 캘린더 관리 같은 업무를 전적으로 위임할 수 있다. 좀 더 기술적인 작업이 필요하다면 계획 수립부터 배포까지 스스로 수행하는 클로드 코드가 해답이다. 가격도 합리적이어서 소규모 창업자들도 부담 없이 사용할 수 있다. 이제 자금이 부족해서 사람을 못 뽑는다는 핑계는 더 이상 통하지 않는 세상이다.

그래도 시작과 끝에는 사람이 필요하다

이미 선도적인 기업들은 산업과 기능을 가리지 않고 에이전틱 AI를 워크 플로에 깊이 통합하고 있다. 세일즈포스의 아인슈타인 AI나 에이전트포스 플랫폼이 대표적이다. 이를 통해 예측 분석을 수행하고 자동화를 구현하여 판매, 마케팅, 고객 서비스 워크 플로를 고도화하고 있다. 이제는 산업별 에이전트 활용 현황을 벤치마킹하는 것이 생존의 필수 조건이 될 것이다. 콜센터, 헬스케어, 소매, 사이버 보안에 이르기까지 오류는 줄이고 안전성은 강화하며 대응 속도는 높이기 위해 전 산업군에서 에이전트를 적극 도입하고 있다. 경쟁사들이 스포츠카를 타고 질주하는 상황에서 홀로 자전거를 탈 수는 없는 노릇이다.

에이전틱 AI가 아무리 고도화되었다 해도 아직은 인간의 역할이 필요하다. 그래서 등장한 개념이 루프 위의 인간Human-on-the-loop이다. 에이전트가 주로 자율적으로 업무를 수행하되 중요한 결정이 내려지기 전이나 후에 인간이 검토하고 개입하는 방식이다. 이것이 현재 시점에서 가장 안전하고 효율적인 배포 모델이다. 생성형 AI 에이전트가 문제 해결 과정에서 난관에 봉착하면 인간 전문가에게 조언을 구하고, 해결책을 찾아 다시 업무를 진행한다. 이런 관점에서 보면 에이전틱 AI는 가치 있는 업무를 수행하면서 경험을 통해 지속적으로 학습하고 성장하는 유능한 주니어 직원과 매우 흡사하다. 잘 키운 에이전트 하나가 열 직원 부럽지 않은 셈이다.

물론 에이전틱 AI가 제시하는 비전은 매력적이고 기술 발전 속도 또한 놀라울 정도로 빠르지만, 현실적인 준비는 반드시 필요하다. 일부 대기업들이 신뢰할 수 있는 에이전트 구축을 위해 수십억 달러를 투자하고 있지만 완전한 자율성이 언제, 어떤 상황에서 100% 실현될지는 아직 미지수다. 이론적으로 에이전트는 프로젝트 범위만 설정해주면 인간의 도움 없이 알아서 도구를 활용해 과업을 완수하는 완전 자율 프로그램이 될 것으로 기대된다.

결론은 명확하다. AI 에이전트는 비기술 창업자가 기술 공동 창업자 없이도 복잡한 비즈니스를 시작하고 운영할 수 있게 해 주는 가장 강력한 무기가 될 것이다. 그 무기를 잘 컨트롤하기 위해 창업자는 에이전트의 한계를 명확히 인지하고, 적절한 감독 체계와 가드레일을 설정하여 리스크를 관리해야 한다. 도구 자체에는 선악이 없다. 그것을 얼마나 현명하게 활용하느냐에 승패가 달려 있다.

2장

아이디어,
AI로
현실이 되다

아이디어 구체화 전략 11단계

01

AI로
시장의 빈틈 찾기

"도대체 어떤 아이템으로 창업해야 할까요?"

예비 창업자들을 만나면 가장 많이 듣는 질문이다. 그들은 뭔가 세상에 없던 기상천외한 것, 혹은 인공 지능이나 블록체인처럼 최첨단 기술이 접목된 거창한 것을 찾아야 한다는 강박에 시달리고는 한다. 하지만 단언컨대, 위대한 비즈니스는 발명가들의 실험실이 아니라 우리 일상의 지루하고 불편한 순간들 속에서 탄생했다. 사업의 본질은 결국 '고객의 문제를 해결해 주는 것'이기 때문이다.

스타트업 용어로 이를 '페인 포인트Pain Point', 즉 통증점이라 부른다. 고객이 일상생활이나 업무를 수행하면서 겪는 불편함, 불안, 고통, 비효율을 의미한다. 창업 아이템이란 결국 이 통증을 치료해 주는 진통제 Pain Killer여야 한다. 비타민처럼 먹으면 좋고 안 먹어도 그만인 아이템보다는, 당장 머리가 깨질 듯이 아파서 찾지 않고는 못 배기는 진통제 같은 아이템이 성공할 확률이 압도적으로 높다.

많은 예비 창업자가 좋은 아이템이 없다고 한탄한다. 하지만 아이템이 없는 것이 아니라 불편함을 감지하는 촉이 무딘 것이다. 글로벌 기업들의 탄생 비화를 보라. 비 오는 날 택시가 안 잡혀 발을 동동 구르던 짜증에서 우버 Uber가 나왔고, 여행지에서 천편일률적인 호텔 방이 아닌 현지인의 삶을 살아 보고 싶다는 갈증에서 에어비앤비 Airbnb가 탄생했다. 보증금 수천만 원을 내고 사무실을 구해야 하는 스타트업의 막막함이 위워크 WeWork를 만들었고, 복잡한 공인인증서와 보안카드의 불편함이 간편 송금의 대명사 토스 Toss를 만들었다. 수천 장의 명함을 받아 놓고도 정리하지 못해 인맥 관리가 안 되던 영업사원의 고민이 국민 명함 앱 리멤버 Remember가 된 것이다.

이들은 모두 우리 곁에 늘 존재하던 문제였다. 다만 누군가는 '원래 그런 거야'라고 체념하며 감수했고, 창업가들은 '이걸 바꾸면 돈이 되겠다'고 생각하고 실행했을 뿐이다.

성공한 유니콘들은 모두 불만 해결사였다

지금 우리 삶에 깊숙이 들어와 있는 서비스들을 떠올려 보자. 이들은 하나같이 우리가 겪던 지긋지긋한 문제들을 해결해 준 '해결사'들이다.

우선 먹고사는 문제를 보자. 전단지를 뒤척이며 전화를 걸어야 했던 배달 주문의 번거로움을 '배달의민족'이 스마트폰 터치 몇 번으로 끝내 버렸다. 중고 거래를 할 때마다 '사기당하지 않을까?' 불안했던 마음을 '당근^구 당근마켓'이 동네 이웃과의 직거래라는 신뢰 시스템으로 해결하며, 이제는 단순 중고 거래를 넘어 하이퍼 로컬 커뮤니티로 진화했다.

여가와 생활 영역은 어떤가. 모텔촌을 전전하며 눈치 봐야 했던 숙박 예약을 '야놀자'와 '여기어때'가 양지로 끌어올려 간편하고 당당하게 만들었다. 렌터카를 빌리기 위해 서류를 작성하고 멀리까지 찾아가야 했던 불편함을 '쏘카'가 주차장에 세워진 차를 앱으로 문을 여는 경험으로 혁신했다. 인테리어 업체의 고무줄 견적에 시달리던 사람들은 '집닥'과 '오늘의집'을 통해 투명한 견적과 시공 사례를 보며 안심하게 되었다.

전문적인 영역에서도 마찬가지다. 자동차 수리비 바가지를 쓸까 봐 걱정하던 운전자들은 '카닥'에서 사진 몇 장으로 견적을 비교한다. 모르는 수학 문제를 붙잡고 끙끙대던 학생들은 '콴다'를 통해 사진을 찍어 올리면 AI가 풀이해 주는 마법을 경험한다. 아픈데 문 연 약국을 몰라 헤매던 환자들은 '굿닥'을 켜고, 프리랜서 전문가를 찾기 힘들었던 기업들은 '크몽'과 '위시켓'에서 검증된 인재를 만난다. 대학생들의 복잡한 시간표 짜기를 해결해 준 '에브리타임', 코로나 팬데믹 상황에서 대면 회의의 불가능함을 해결해 준 '줌^{Zoom}'까지 이 성공한 기업들의 공통점은 명확하다. 그들은 기술을 자랑한 것이 아니라 '아, 이거 진짜 불편한데 누가 좀 해결해 주면 좋겠다'는 사람들의 한숨 소리를 놓치지 않았다는 점이다.

이렇듯 성공적인 창업 아이템을 발굴하는 시작은 예전이나 지금이나 '불편함을 해결하겠다'는 생각과 시장에 대한 깊이 있는 이해다. 과거에는 고가의 리서치 보고서를 구매하거나 발품을 팔아 정보를 수집해야 했으나, 이제는 프로세스가 근본적으로 달라졌다. 챗GPT와 클로드 같은 생성형 AI를 활용하면 불과 30분 내에 시장의 거시적 흐름과 미시적 기회 요인을 체계적으로 도출할 수 있다. 핵심은 AI에게 어떤 맥락으로, 무엇을 질문하느냐에 달려 있다.

예를 들어 펫 헬스케어, 시니어 푸드 등 관심 분야에서 신규 창업을 준비 중인 예비 창업자라면 AI에게 특정 시점을 기준으로 해당 산업을 분석해 달라고 요청해 보자. 구체적으로 연평균 성장률이 높고 빠르게 확장 중인 고성장 하위 세그먼트 5가지, 소비자들이 현재 가장 시급하게 해결을 원하거나 불만을 가지는 핵심 페인 포인트 10가지, 현재 시장에서 지배적 기업들이 해결하지 못하고 있는 기존 솔루션의 구조적 한계, 그리고 최신 기술 도입이나 규제 완화 등으로 인해 새롭게 열린 비즈니스 기회 요인을 수치와 사례를 포함해 논리적으로 분석해 달라고 주문하는 것이다.

가령 반려동물 시장을 대입할 경우, AI는 1인 가구 증가 및 펫휴머니제이션 트렌드로 펫 헬스케어 시장이 연 15% 이상 성장 중이라는 요인을 찾아낼 것이다. 동시에 야간 및 응급 진료 인프라 부족으로 인한 보호자의 심리적 불안과 5% 미만의 저조한 펫 보험 가입률로 인한 경제적 부담 같은 미충족 수요를 짚어 낸다.

이처럼 AI는 시장 내 존재하는 빈틈을 신속하게 시각화해 준다. 그러나 여기서 멈춰서는 안 된다. AI가 제시한 결괏값은 비즈니스의 결론이 아닌, 가설 수립을 위한 출발점임을 명심해야 한다.

02 시장을
깊이 읽어라

비즈니스 기회를 발견했다면, 이제는 시장에 대한 심층 분석이 필요하다. 막연한 기대감을 걷어 내고 냉혹한 시장의 현실을 마주하기 위해 AI에게 현재 이 문제를 가장 적극적으로 해결하고 있는 주요 플레이어 5개사를 꼽아 달라고 요청하라. 단순히 기업의 이름만 나열하는 수준에 그쳐서는 안 된다. 이 5개 기업이 돈을 버는 비즈니스 모델의 핵심 로직은 무엇이며, 각자가 가진 치명적인 장단점이 무엇인지 전략 컨설턴트의 시각에서 정밀하게 비교해 달라고 프롬프트를 설계해야 한다.

나아가 각 경쟁사의 최근 시장 점유율 추이와 더불어 실제 고객들이 앱 스토어나 커뮤니티에 쏟아낸 날것 그대로의 부정적 리뷰를 요약해 달라고 요구하라. 경쟁사의 불만족스러운 서비스에 분노하는 고객의 목소리 속에 바로 당신이 파고들어야 할 가장 강력한 차별화 포인트가 숨어 있기 때문이다. 여기에 더해, 이제 막 시장에 뛰어드는 신규 진입자가 반드시 넘어야 할 진입 장벽과 이를 우회할 타개책, 그리고 전체 시장 TAM, Total Addressable Market, 유효 시장 SAM, Serviceable Available Market, 수익 획득 가능 시장 SOM, Serviceable Obtainable Market 관점에서 우리가 현실적으로 점유할 수 있는 구체적인 예상 시장 규모까지 입체적으로 파악해 달라고 요청해야 한다.

AI는 정보를 주지만 경험은 주지 못한다

이 단계에서 창업자가 경계해야 할 가장 위험한 함정이 있다. AI는 방대한 공개 데이터를 순식간에 긁어모아 그럴듯한 표와 매끄러운 텍스트로 경쟁 상황을 요약해 주지만, 그것은 어디까지나 정보의 나열일 뿐 진정한 통찰이 아니라는 사실이다. 모니터 화면에 예쁘게 정리된 AI의 결과물에 취해 시장 분석이 끝났다고 안도하면 창업자는 현장의 감각을 영영 잃고 만다. 진정한 비즈니스적 통찰은 AI가 제공한 요약본을 지도 삼아 창업자가 직접 두 발로 뛰고 눈으로 확인하며 검증하는 치열한 과정에서 비로소 탄생한다.

보고서 창을 잠시 내려놓고, AI가 언급한 경쟁사의 웹 사이트나 앱에 직접 접속해 보라. 그들이 자랑하는 서비스가 실제로 얼마나 매끄럽게 작동하는지 사용자 경험 UX을 피부로 느껴 보고, 결제 과정에서 어디가 불편한지 직접 지갑을 열어 테스트해 보아야 한다. AI가 정제된 언어로 요약해 준 불만 사항에 만족하지 말고, 실제 고객들이 맘카페나 리뷰 게시판에 남긴 분노 섞인 텍스트 한 줄 한 줄을 밤새워 정독하라. 데이터라는 차가운 활자 이면에 숨겨진 고객의 진짜 결핍과 감정의 맥락을 읽어 내는 것, 그것은 세상 그 어떤 뛰어난 AI도 결코 대신해 줄 수 없는 창업자만의 고유하고도 위대한 영역이다.

챗GPT나 클로드 같은 범용 거대 언어 모델이 가진 가장 치명적인 단점은 바로 시의성의 부재다. 이들은 과거의 방대한 지식을 몇 초 만에 학습하고 정리해서 보여 줄 수 있지만, 오늘 아침에 일어난 시장의 지각 변동을 즉각적으로 인지하지는 못한다. 하루가 다르게 트렌드가 뒤바뀌고 경쟁사가 새로운 피벗Pivot을 단행하는 변화무쌍한 스타트업 생태계에서 짧게는 수개월에서 길게는 1년 전의 낡은 데이터에 의존해 사업의 방향성을 결정하는 것은 매우 위험한 일이다.

가장 최신의 시장 동향을 날카롭게 포착하고 팩트 기반의 가설을 수립하기 위해서는 실시간 웹 검색과 AI의 추론 능력이 결합된 퍼플렉시티를 활용하는 것이 좋다. 기존 검색 포털이 키워드에 맞는 웹 페이지 링크를 보여 준다면, 이 도구는 전 세계 웹 문서를 실시간으로 크롤링하고 분석해 트렌드의 흐름을 시각화한다.

퍼플렉시티로 시장 리서치하기

실전에서의 활용법은 무궁무진하다. 예를 들어, 한국 시장에서 전년 동기 대비 가장 가파른 펀딩 성장세를 보이는 버티컬 창업 키워드가 무엇인지, 그리고 그 폭발적 성장을 견인한 구체적인 벤치마킹 사례 3가지를 분석해 달라고 요구할 수 있다. 나아가 최근 3개월간 벤처 투자 시장의 혹한기에도 시리즈 A 이상의 대규모 투자 유치에 성공한 국내 스타트업들의 리스트를 뽑아내고, 까다로운 심사역들의 지갑을 열게 만든 그들만의 독보적인 핵심 비즈니스 모델과 진입 장벽Moat이 무엇인지 심층적으로 해부해 달라고 요청해 보라.

또한 소비의 지형을 뒤흔들고 있는 MZ세대와 알파세대의 숨겨진 욕망을 파악하는 데도 이보다 유용한 도구는 없다. 틱톡, 인스타그램, 엑스X 등 글로벌 SNS 플랫폼에서 현재 가장 폭발적으로 언급되는 새로운 라이프스타일 서비스 트렌드나 밈Meme 현상을 추적하고, 그것이 일시적인 유행인지 구조적인 소비 패턴의 변화인지를 분석해 내는 작업 역시 퍼플렉시티로 바로 할 수 있다.

무엇보다 퍼플렉시티가 창업자에게 주는 가장 강력한 무기는 신뢰성이다. AI가 그럴듯하게 거짓말을 지어내는 환각 현상의 공포에서 벗어날 수 있도록 최신 뉴스 기사, 벤처 캐피탈의 투자 동향 리포트, 글로벌 SNS 트렌드 분석 자료 등을 종합한 뒤 모든 문장에 명확한 출처를 각주로 달아 제공한다. 창업자는 이 링크를 직접 클릭하여 원문 데이터를 눈으로 확인하고 교차 검증할 수 있다. 이를 통해 투자 심사역의 날카로운 압박 질문에도 흔들리지 않는 논리를 갖출 수 있다.

과거에는 수백만 원짜리 시장 조사 보고서를 살 돈이 없어서, 혹은 고급 정보에 접근할 인맥이나 인프라가 부족해서 트렌드를 놓쳤다는 핑계가 통용되던 시절이 있었다. 하지만 AI가 정보의 비대칭성을 완전히 붕괴해 버린 지금, 정보가 부족해서 혹은 시장의 흐름을 읽지 못해서 창업에 실패했다는 말은 창업자의 게으름과 직무 유기를 증명하는 자백일 뿐이다. 이제 기회는 누구에게나 평등하게 열려 있다. 그 방대한 데이터의 바다에서 어떤 본질적인 질문을 던져 어떤 진주를 건져 올릴 것인가는 오직 당신의 실행력에 달려 있다.

AI로
시장 가설 검증하기

비즈니스 기회를 포착하고 시장에 대한 분석까지 마쳤다면, 다음 단계는 철저한 가설 검증이다. 아무리 혁신적인 기술과 화려한 비즈니스 모델을 갖추었더라도 결국 이 본질적인 질문에 답하지 못한다면 그 사업은 모래성일 뿐이다.

"이 아이디어가 고객이 기꺼이 지갑을 열 만큼 절박한 고통-Pain Point 을 해결해 주는가?"

과거에는 이 질문의 답을 얻기 위해 수백만 원의 비용을 들여 표본 집단을 모집하고 긴 시간에 걸쳐 포커스 그룹 인터뷰를 진행해야만 했다. 하지만 이제 우리는 AI를 활용해 단 한푼의 비용도 들이지 않고도 가상의 타깃 고객 페르소나를 만들고 심층 인터뷰를 무제한에 가깝게 시뮬레이션할 수 있다.

AI로 고객의 의견 확인하기

프롬프트를 설계할 때는 AI에게 최대한 구체적이고 입체적인 페르소나를 부여하는 것이 핵심이다. 예를 들어, 단순히 '30대 직장인 여성'이라고 입력하는 것은 좋지 않다. 행동 패턴과 심리적 결핍까지 상세히 설정한 후, AI에게 그 역할로 완벽히 빙의해 연기해 달라고 요청해야 한다.

"너는 지금부터 서울 마포구에 거주하는 34세 워킹맘 김지영 씨야. 연봉은 5,000만 원 수준이고, 퇴근 후 아이의 식사 준비에 쫓겨 매일 극도의 스트레스와 죄책감을 느끼고 있지."

그리고 당신이 야심 차게 개발 중인 '10분 컷 프리미엄 건강식 밀키트 정기 구독 서비스'에 대해 창업자의 눈치를 보지 말고 가감 없이 냉정하게 평가해 달라고 주문하라.

이 가상 인터뷰에서 가장 먼저 던져야 할 질문은 제품을 처음 접했을 때의 직관적인 느낌과 실제 구매 의향, 그리고 기꺼이 지불할 용의가 있는 적정 가격대WTP, Willingness To Pay와 그 산정 근거다.

초기 반응을 확인했다면, 그다음은 방어 논리를 무너뜨리는 날카로운 질문으로 넘어가야 한다. 제품 사용 시 예상되는 치명적인 불편함은 무엇인지, 결제 버튼을 누르기 직전 구매를 망설이게 만드는 심리적. 물리적 장벽은 무엇인지 집요하게 캐물어야 한다. 나아가 현재 그 문제를 해결하기 위해 어떤 대체재를 사용하고 있으며, 그 대안에 대한 만족도와 불만은 어느 정도인지까지 입체적으로 파악해야 한다.

이러한 정밀한 질문 세례에 대해, 아마도 AI는 창업자가 실망할 만큼 냉철하고 객관적인 피드백을 쏟아낼 것이다. '광고에서는 10분 조리라고 강조하지만, 막상 포장을 뜯고 재료를 손질한 뒤 설거지 등 뒤처리까지 포함하면 결국 30분은 족히 걸릴 것 같아 부담스럽다'라거나, '편의점 프리미엄 도시락이나 배달 음식보다 2배 이상 비싼 가격이라면, 굳이 매주 정기 구독이라는 심리적 족쇄를 찰 이유는 없다'라는 식의 닐 선 답변이 놀아올 수 있다.

창업자에게는 뼈아픈 지적이겠지만, 이것이 바로 시장에 나가기 전 당신이 반드시 마주하고 해결해야 할 진짜 고객의 목소리다. 이 치열한 검증 과정을 연령, 직업, 소득 수준, 라이프스타일이 각기 다른 10명 이상의 다양한 페르소나와 반복해 보라. 당신의 아이템이 가진 치명적인 약점과 이를 극복할 보완점이 투명하게 드러날 것이다.

고객의 여정 지도 그리기

비즈니스 모델의 정교함을 결정짓는 핵심은 고객이 문제를 인지하는 첫 순간부터 구매 후 평가에 이르는 전 과정을 마치 한 편의 영화처럼 시뮬레이션하여 치명적인 이탈 지점 Drop-off을 찾아내는 데 있다. 이를 위해 AI에게 타깃 고객이 일상에서 겪는 구체적인 문제 상황을 제시하고, 그들의 심리 흐름에 따른 고객 여정 지도 Customer Journey Map 를 그려 달라고 프롬프트를 설계해야 한다. 여정의 해부도는 촘촘할수록 좋다.

인지 단계에서는 고객이 결핍과 불편을 처음 마주하는 순간의 날것 그대로의 감정을 포착하고, 탐색 단계에서는 해결책을 찾는 과정에서 겪는 막막함과 정보 비대칭의 고통을 파악해야 한다. 이어지는 비교 단계에서는 기존 대안 서비스들에 대해 고객이 느끼는 결정적인 불만족 포인트를 짚어 내고, 마침내 발견 단계에서 우리 서비스를 처음 접했을 때 터져 나오는 기대감과 꼬리를 무는 의구심이 무엇인지 입체적으로 분석하라.

가장 중요한 관문인 구매 단계에서는 장바구니에 물건을 담고도 결제 버튼 앞에서 행동을 망설이게 만드는 심리적, 물리적 장벽을 명확히 규명해야 한다. 마지막으로 옹호 단계에서는 자발적인 재구매와 주변의 열광적인 추천을 이끌어 내는 와우 포인트Wow Point가 무엇이 될지까지 집요하게 시뮬레이션해야 한다.

이 치열한 과정을 통해 창업자는 고객의 미묘한 감정선이 시간의 흐름에 따라 어떻게 요동치는지 손에 잡힐 듯 파악할 수 있다. 고객이 어느 지점에서 좌절하여 뒤돌아서는지, 반대로 어떤 지점에서 완벽하게 설득되어 지갑을 여는지를 미리 꿰뚫어 보는 것이다. 결국 고객 이탈로 이어질 수 있는 균열을 사전에 차단하고, 구매를 유도하는 트리거를 강화하는 작업이야말로 아이디어를 실제 매출로 이어지는 비즈니스 모델로 진화시키는 가장 중요한 과정이다.

'고객 경험 시뮬레이션' 프롬프트 입력 예시

"[타깃 고객]이 일상에서 겪게 되는 [문제 상황]을 아래의 시나리오를 바탕으로 고객 여정 지도를 작성해 줘."

- 인지Awareness: 불편함을 처음 느끼는 순간의 구체적 감정과 생각
- 탐색Search: 해결책을 찾는 과정에서 겪는 정보 비대칭과 어려움

· 비교 Comparison: 기존 경쟁 서비스 사용 시 느끼는 불만족 포인트

· 발견 Discovery: 우리 서비스를 처음 접했을 때 드는 의문점과 기대감

· 구매 Action: 결제 직전 망설이게 하는 심리적, 물리적 장벽

· 옹호 Advocacy: 사용 후 만족도 및 재구매, 추천 의향을 결정짓는 핵심 요소

05

AI로
비즈니스 모델 설계하기

머릿속을 맴도는 초기 아이디어는 대개 추상적이고 듬성듬성한 파편에 불과하다. 이제는 이 모호한 상상의 조각들을 시장에서 실제로 돈을 버는 실행 가능한 비즈니스 모델로 치환해야 할 결정적 시점이다. 과거의 창업자들이 빈 칠판 앞에서 며칠 밤을 하얗게 지새우며 그려 내던 비즈니스 모델 캔버스도, 이제 AI라는 지능형 파트너를 활용하면 단 30분 만에 탄탄하게 구조화된 초안으로 뽑아낼 수 있다.

접근 방식은 단호하고 정교해야 한다. AI에게 당신의 아이디어를 던져 주며 이를 바탕으로 린 캔버스 혹은 비즈니스 모델 캔버스를 작성해 달라고 지시하라. 이때 단순히 표를 채우라고 명령하는 대신, AI에게 '맥킨지나 베인앤컴퍼니 같은 최고 수준의 컨설팅펌에 근무하는 전문 컨설턴트'라는 페르소나를 강력하게 부여하고 사업의 9가지 핵

	핵심 활동 (Key Activities) ・우리가 수행해야 할 핵심 활동은 무엇인가? ・우리의 핵심 업무는 무엇인가		고객 관계 (Customer Relationship) ・우리의 타깃 고객은 누구인가? ・우리의 고객 세그먼트는 무엇인가?	
핵심 파트너 (Key Partnership) ・우리의 핵심 파트너는 누구인가? ・우리의 주요 공급자는 누구인가?		가치 제안 (Value Proposition) ・우리가 고객에게 전달하는 가치는 무엇인가? ・우리는 어떤 문제를 해결하는가?		고객 세그먼트 (Customer Segments) ・고객 집단을 정의하는 영역
	핵심 자원 (Key Resources) ・우리에게 필요한 핵심 자원은 무엇인가? ・필수적인 자산은 무엇인가?		채널 (Channels) ・우리는 어떤 채널을 통해 고객에게 전달하는가?	
비용 구조 (Cost Structure) ・우리의 주요 비용은 무엇인가? ・가장 큰 지출 항목은 무엇인가?			수익원 (Revenue Streams) ・우리는 어떻게 돈을 버는가? ・우리의 수익원은 무엇인가?	

비즈니스 모델 캔버스

	해결책 (Key Activities) ・이 문제를 어떻게 해결할 것인가? ・우리의 차별된 해결 방식은 무엇인가?		채널 (Customer Relationship) ・우리는 어떻게 고객에게 도달할 것인가? ・어떤 유통·마케팅 채널을 사용할 것인가?	
문제 (Problem) ・우리가 해결하려는 핵심 문제는 무엇인가? ・고객이 현재 사용하고 있는 대안은 무엇인가?		핵심 가치 제안 (Unique Value Proposition) ・우리의 명확하고 강력한 한 문장은 무엇인가? ・고객이 왜 우리를 선택해야 하는가?		비용 구조 (Cost Structure) ・우리의 주요 비용은 무엇인가? ・반드시 발생하는 핵심 지출은 무엇인가?
	고객 세그먼트 (Customer Segments) ・우리의 타깃 고객은 누구인가? ・초기 고객(얼리어답터)은 누구인가?		수익 구조 (Revenue Streams) ・우리는 어떻게 돈을 벌 것인가? ・수익은 어떤 방식으로 발생하는가?	
핵심 지표 (Key Metrics) ・우리가 반드시 측정해야 할 활동 지표는 무엇인가? ・성공을 어떻게 정의할 것인가?			모방하기 어려운 경쟁력 (Unfair Advantage) ・우리의 결정적인 경쟁 우위는 무엇인가? ・쉽게 따라 할 수 없는 요소는 무엇인가?	

린 캔버스

심 기둥을 입체적으로 기술해 달라고 요구하는 것이 핵심이다.

구체적으로, 우리의 얼리어답터와 핵심 타깃 페르소나를 뾰족하게 정의하는 고객 세그먼트부터 경쟁사를 압도할 독보적인 차별화 포인트인 가치 제안, 고객의 일상에 침투할 유통 경로인 채널, 그리고 그들의 이탈을 막고 충성도를 높이는 락인Lock-in 전략인 고객 관계까지 명확히 정의하게 하라.

나아가 가장 중요한 돈의 흐름, 즉 프라이싱 모델과 수익 창출 메커니즘을 밝히는 수익원을 설계하고, 사업 운영의 뼈대가 되는 물적·인적·지적 핵심 자원과 이를 현실로 구현할 핵심 활동을 낱낱이 파악해야 한다. 마지막으로 우리의 든든한 우군이 되어 줄 핵심 파트너십과 비즈니스의 생사를 가를 고정비 및 변동비 중심의 비용 구조까지 도출하도록 요청하라. 이때 각 항목마다 실현 가능한 구체적 예시를 2~3가지 포함하여 논리적으로 서술하게 함으로써 현실성을 높일 수 있다.

AI가 도출한 초안을 검토하다 보면 현실성이 결여된 부분이나 창업자가 미처 고려하지 못한 사각지대가 명확히 드러난다. AI가 채워 넣은 이상적인 모델과 현실 사이의 간극을 좁혀 가는 과정이 바로 비즈니스 모델 고도화의 핵심이다.

이 9가지 요소가 하나의 톱니바퀴처럼 맞물려 돌아가는 청사진을 두 눈으로 확인했을 때, 비로소 당신의 거친 아이디어는 시장과 투자자를 설득할 수 있는 진짜 비즈니스로 첫발을 내딛게 된다.

'비즈니스 모델링' 프롬프트 입력 예시

"[아이디어]를 바탕으로 린 캔버스 혹은 비즈니스 모델 캔버스를 작성해 줘. 다음 9

가지 핵심 구성 요소를 비즈니스 전문 컨설턴트 관점에서 구체적으로 기술해 줘."

· 고객 세그먼트 Customer Segments: 얼리어답터 및 핵심 타깃 페르소나 정의

· 가치 제안 Value Propositions: 경쟁사와 차별화된 핵심 가치 USP

· 채널 Channels: 고객 접점 및 유통 경로

· 고객 관계 Customer Relationships: 고객 확보 및 유지 전략 Lock-in

· 수익원 Revenue Streams: 프라이싱 모델 및 수익 창출 메커니즘

· 핵심 자원 Key Resources: 사업 운영에 필수적인 물적/인적/지적 자원

· 핵심 활동 Key Activities: 가치 제안을 구현하기 위한 주요 업무

· 핵심 파트너십 Key Partnerships: 전략적 제휴 및 공급망 파트너

· 비용 구조 Cost Structure: 주요 고정비 및 변동비 항목 각 항목마다 실현 가능한

　구체적 예시를 2~3가지 포함하여 논리적으로 서술해 줘.

이 사업이
정말 되는가?

비즈니스 모델의 밑그림을 완성했다면, 이제는 그 그림을 숫자로 검증할 차례다. 막연한 낙관주의를 배제하고 AI를 냉철한 재무 책임자CFO로 소환하여, 가상의 시나리오별 재무 예측을 수행하고 사업의 타당성을 분석해야 한다.

2020년, 삼성전자 C랩사내 벤처 출신이라는 화려한 타이틀을 달고 등장한 라이브 커머스 플랫폼 '보고VOGO'를 기억하는가? 보고는 '초저가 핫딜'과 라이브 방송을 무기로 소비자의 지갑을 열어젖혔다. 삼성전자의 DNA를 가졌다는 신뢰감, 그리고 타의 추종을 불허하는 파격적인 할인 혜택 덕분에 보고는 단기간에 회원 수 100만 명을 돌파했다. 2022년에는 거래액 2,300억 원을 달성하며 '라이브 커머스계의 유니콘'이 될 것이라는 기대를 한 몸에 받았다.

그러나 그 화려한 축제는 3년도 채 되지 않아 비극으로 끝났다. 2023년, 보고는 현금 유동성 위기를 맞으며 회생 절차_{법정 관리}에 들어갔고, 수많은 입점 업체에 정산금을 지급하지 못하는 사태를 빚었다. 사용자가 외면해서가 아니었다. 물건이 안 팔려서도 아니었다. 그들이 무너진 결정적인 이유는 '사업 타당성 분석'의 실패, 그중에서도 '수익성'에 대한 잘못된 검증 때문이었다.

보고의 성장 전략은 이른바 '계획된 적자'였다. 사용자를 모으기 위해 마진을 포기하고 회사 돈을 태워 쿠폰을 뿌렸다. 1만 원짜리 물건을 팔면 1,000원이 남는 구조가 아니라 오히려 마케팅 비용으로 2,000원을 쓰는 구조였다. 팔면 팔수록 손해 보는 장사였다. 그들은 덩치를 키우면 나중에 이익을 낼 수 있을 거라 믿었지만, 고금리와 투자 한파가 닥치자 현금 흐름은 동맥경화에 걸린 듯 멈춰 버렸다. 식당에 손님이 줄을 섰는데 팔수록 적자가 나서 결국 문을 닫게 된 셈이다. 이는 유저 수나 거래액 같은 허상_{Vanity Metric}에 취해 냉혹한 비용 구조를 간과하면 어떤 결말을 맞는지 보여 주는 좋은 사례다.

AI에게 당신이 설계한 비즈니스 모델을 기반으로 초기 3년간의 정밀한 재무 시뮬레이션을 해 달라고 요청하라. 이 시뮬레이션에는 최소 기능 제품_{MVP} 개발과 초기 시장 런칭에 소요되는 현실적인 초기 투자 비용_{CAPEX, Capital Expenditure} 범위 산출은 물론 고정비와 변동비의 비중을 날카롭게 쪼개어 파악하는 비용 구조 분석이 반드시 포함되어야 한다.

더 나아가, 숨만 쉬어도 나가는 월간 고정비를 완벽히 상쇄하기 위해 필요한 최소 고객 수와 목표 매출액, 즉 손익 분기점BEP 도달 지점을 명확히 계산하게 하라. 또한 시장의 변동성을 반영한 보수적, 중립적, 낙관적 시나리오별 1~3년 차 매출 추정은 물론 자금이 고갈되는 최악의 재무적 리스크와 이에 대한 방어 전략까지 입체적인 분석을 해야 한다.

물론 AI가 도출한 숫자는 어디까지나 가정에 기반한 추정치일 뿐 그 자체가 확정된 진리는 아니므로 맹신은 금물이다. 하지만 창업자는 이 혹독한 시뮬레이션 과정을 거치며 우리 비즈니스의 단위 경제성이 과연 수익을 내는 건전한 구조인지, 치명적인 현금 흐름의 경색이 어느 시점에 찾아올지와 같은 가장 뼈아프고 결정적인 질문을 스스로에게 던지는 법을 터득하게 된다. 그리고 현금 흐름이 언제부터 흔들리기 시작할지를 스스로 묻게 된다.

여기서 말하는 단위 경제성이란 비즈니스의 가장 기본 단위, 즉 고객 한 명이나 제품 하나가 만들어 내는 수익과 비용을 따져 보는 개념이다. 이 지표는 기업이 실제로 돈을 벌 수 있는 구조인지, 그리고 그 모델이 지속적으로 확장될 수 있는지를 판단하는 핵심 기준이 된다. 바로 이 치열한 질문의 과정이야말로 주먹구구식 운영을 벗어나 데이터 기반 경영으로 도약하는 진정한 출발점이 된다.

'재무 시나리오 분석' 프롬프트 입력 예시

"[작성된 비즈니스 모델]을 기반으로 초기 3년간의 재무 시뮬레이션을 수행해 줘."

· 초기 투자 비용 CAPEX: 최소 기능 제품 MVP 개발 및 런칭에 필요한 예산 범위

  (최소/최대)

· 비용 구조 분석: 고정비(인건비, 임대료 등)와 변동비(마케팅비, 서버비 등)의

  비중

· 손익 분기점 BEP: 월간 고정비를 상쇄하기 위해 필요한 최소 고객 수 또는 매

  출액

· 매출 예측 Forecasting: 1~3년 차 매출 추정 (보수적, 중립적, 낙관적 시나리오별

  제시)

· 리스크 관리: 재무적 관점에서 발생 가능한 주요 리스크와 리스크 헷징 방안

07

실패 시나리오
미리 대비하기

창업자에게는 꺾이지 않는 자신감도 중요하지만 무조건적인 성공을 맹신하는 낙관주의는 위험하다. 희망 회로를 돌리는 대신 실패를 기정사실화하고 그 원인을 미래에서 현재로 역추적해 분석하는 프리모템Pre-mortem, 즉 사전 부검 기법을 통해 리스크를 선제적으로 통제해야 한다.

이를 위해 AI에게 지금부터 1년 후, 비즈니스가 시장에서 처참하게 실패했다는 극단적인 가정을 부여하고 냉혹한 분석을 요청하라. 압도적인 자본을 가진 경쟁사의 등장, 내부 핵심 인력의 이탈, 급격한 시장 트렌드의 변화, 혹은 예기치 못한 규제의 장벽 등 다각적인 관점에서 우리를 무너뜨릴 수 있는 최악의 시나리오 10가지를 구체적으로 도출해 달라고 해야 한다. 나아가 이 파국을 사전에 방어하기 위한 플랜 B Contingency Plan와 대응 전략까지 완벽하게 세트로 요구하라.

　AI가 보여 주는 실패의 시나리오들은 창업자의 자존심을 찌를 만큼 뼈아프겠지만, 동시에 시장에서 실제로 마주하게 될 지극히 현실적인 위협들이다. 이 잔인한 리스트 하나하나에 대해 치밀한 방어 논리와 타개책을 미리 마련해 두는 것, 그것이야말로 한정된 자원으로 싸워야 하는 스타트업이 생존 확률을 극대화할 수 있는 가장 강력하고 실질적인 리스크 관리 전략이 된다.

'실패 시나리오 분석' 프롬프트 입력 예시

"지금부터 1년 후, [나의 아이디어]가 시장에서 처참하게 실패했다고 가정해 보자. 경쟁사, 내부 역량, 시장 변화, 규제 등 다양한 관점에서 실패를 유발했을 법한 최악의 시나리오 10가지를 구체적으로 역설해 줘. 그리고 각각의 시나리오를 사전에 방지하기 위한 대응 전략 Contingency Plan을 제시해 줘."

08

아이디어를
다르게 만들기

실리콘밸리의 전설적인 투자자이자 페이팔 PayPal의 공동 창업자인 피터 틸은 그의 저서 《제로 투 원》에서 아주 도발적인 명제를 던졌다.

"경쟁은 패배자들을 위한 것이다 Competition is for losers."

기업 간의 경쟁이 시장 경제의 원동력이라고 배우고 믿어 왔던 우리에게는 뒤통수를 치는 말이다. 하지만 스타트업의 세계에서 이 말은 진리에 가깝다. 치열한 경쟁은 결국 이익을 0으로 수렴하게 만든다. 남들과 똑같은 것을 하면서 조금 더 싸게, 조금 더 빠르게 하려고 아등바등할수록 당신의 비즈니스는 피 튀기는 레드오션으로 빨려 들어간다.

스타트업이 생존하고 위대해지는 유일한 길은 경쟁하지 않는 것이다. 대신 남들이 감히 넘볼 수 없는 독점적인 영역을 구축하는 것이다. 이것이 바로 '0에서 1을 만드는 창조', 즉 제로 투 원Zero to One이다.

피터 틸의 이론에 따르면 세상의 진보에는 두 가지 형태가 있다. 하나는 '수평적 진보1 to n'다. 이미 존재하는 성공 모델을 복제하여 널리 퍼뜨리는 것이다. 다른 하나는 '수직적 진보0 to 1'다. 아무도 하지 않은 새로운 것을 만들어 내는 것이다. 이것이 바로 진정한 의미의 기술이자 창조다.

우리가 매일 숨 쉬듯 사용하는 구글, 애플, 메타, 아마존을 보라. 그들은 겉으로는 경쟁자가 많다고 엄살을 떨지만, 실상은 각자의 영역에서 철저한 독점 기업이다. 검색은 구글이, 소셜 네트워크는 메타가, 이커머스와 클라우드는 아마존이 전 세계를 장악하고 있다. 국내의 삼성, 현대·기아자동차, 네이버, 카카오 역시 해당 분야에서 사실상 시장을 독점하고 있다. 이들은 경쟁하지 않는다. 압도적인 격차로 시장을 지배할 뿐이다.

따라서 예비 창업자인 당신의 목표는 '경쟁 우위'를 점하는 것이 아니라 작더라도 '독점 가능한 시장'을 찾아 그곳의 지배자가 되는 것이어야 한다. 기존 제품이나 서비스 대비 점진적인 개선만으로는 견고한 시장의 판을 결코 뒤집을 수 없다. 판을 흔들기 위해서는 구글의 혁신 철학인 '문샷 싱킹Moonshot Thinking'을 차용하여 아이디어의 스케일을 단숨에 10배로 확장시키는 대담한 상상력이 필요하다.

AI에게 당신의 초기 아이디어를 던져 주고, 이를 10배 더 파괴적으로 혁신할 방법을 제안해 달라고 요청하라. 프롬프트의 초점은 4가지 핵심 축에 맞춰야 한다. 프로세스 자동화와 단축을 통한 10배 더 빠른 속도, 비용 구조의 근본적 해체를 통한 10배 더 저렴한 가격, 사용자 경험의 극단적 단순화를 통한 10배 더 편리한 경험, 그리고 핵심 기능의 압도적 성능 향상을 통한 10배 더 강력한 효과가 그것이다.

이 4가지 관점에서 기존 업계의 상식을 처참히 깨부수는 파괴적인 아이디어를 각각 5가지씩 도출하라. 치열한 연산 끝에 AI가 쏟아 내는 결과물들이 당장은 실현 불가능한 공상 과학처럼 보일지 모른다. 하지만 그 엉뚱한 문장들 사이에 남들이 미처 보지 못한 진짜 혁신의 비밀이 숨어 있을 수 있다. 그 거친 아이디어의 파편들에서 당신의 팀이 현실로 구현해 낼 수 있는 단 하나의 뾰족한 전략을 건져 낸다면, 그것은 경쟁사가 감히 범접할 수 없는 당신만의 가장 강력한 무기이자 경쟁 우위가 될 것이다.

'10배 혁신 전략' 프롬프트 입력 예시

"[나의 아이디어]를 현재보다 10배 더 혁신적으로 만들기 위한 방법을 제안해 줘."

· 10배 더 빠른 속도: 프로세스 자동화 및 단축 방안

· 10배 더 저렴한 가격: 비용 구조의 파괴적 혁신

· 10배 더 편리한 경험: 사용자 경험의 극단적 단순화

· 10배 더 강력한 효과: 핵심 기능의 압도적 성능 향상 위 4가지 관점에서 기존의 상식을 깨는 파괴적인 아이디어를 각각 5가지씩 제안해 줘.

09

실행 계획과
GTM(Go-To-Market) 전략 세우기

치열한 검증을 통과해 아이디어의 타당성이 검증되었다면 이제 남은 것은 속도전뿐이다. 스타트업의 유일한 무기는 '속도'다. 대기업이 의사 결정 하느라 시간을 허비할 때, 스타트업은 빠르게 실행하고 실패하고 다시 일어서야 한다. 기약 없이 늘어지는 거창한 마스터플랜은 미련 없이 버리고, 오직 3개월 안에 사활을 거는 단기 집중 로드맵을 수립하라.

이를 위해 AI에게 매우 구체적이고 도전적인 프롬프트를 던져야 한다. 사업 아이디어를 100일 안에 최소 기능 제품MVP으로 구현하고, 우리에게 기꺼이 지갑을 여는 초기 유료 고객 10명을 확보하기 위한 주차별 실행 계획을 짜 달라고 요청하라. 이때 기획, 개발, 마케팅, 영업 등 각 밸류체인 파트별로 매주 반드시 달성해야 할 핵심 성과 지표

KPI와 행동 단위로 잘게 쪼개진 구체적인 투 두 리스트To-Do List를 포진시키는 것이 이 전략의 핵심이다.

AI가 도출한 이 치밀한 액션플랜을 노션이나 스프레드시트에 즉시 이식하고, 매주 냉정하게 진척도를 점검하며 관리해야 한다. 명심하라. 자본과 시간이 절대적으로 부족한 스타트업에게 책상머리에서 만든 완벽한 계획은 허상일 뿐이다. 오직 시장과 고객을 향한 빠른 실행과 피드백에 따른 즉각적인 수정만이 살 길이라고 생각하고 현장에서 발로 뛰어야 한다.

'실행 로드맵 설계' 프롬프트 입력 예시

"[아이디어]를 100일 안에 MVP(최소 기능 제품)로 개발하고, 초기 유료 고객 10명을 확보하기 위한 주차별 실행 계획을 작성해 줘. 기획, 개발, 마케팅, 영업 각 파트별로 매주 달성해야 할 핵심 지표(KPI)와 구체적인 투 두 리스트를 포함해서 세부적으로 작성해 줘."

10
팔리는 메시지
만들기

기술의 상향 평준화가 된 시대에 고객의 지갑을 여는 것은 제품의 기능이 아니라 그 기능을 감싸고 있는 마케팅 메시지라고 해도 과언이 아니다. 하지만 많은 창업자가 비즈니스 모델이 검증되기도 전에 성급하게 유료 광고를 집행해 고객을 확보하려 한다.

AI 시대의 마케팅은 이러한 낡은 방식을 버리고 AI를 단순한 도구가 아니라 그로스 해커Growth Hacker로 고용해 비용을 최소화하면서도 빠른 성장을 만들어 내는 데이터 기반 전략을 설계하는 데서 출발한다.

그로스 해커란 데이터 분석과 기술, 창의적 마케팅을 활용해 제한된 자원으로 스타트업의 성장을 만들어 내는 전문가를 말한다. 이들은 고객 데이터를 분석하고 가설을 세운 뒤 반복적인 실험을 통해 무엇이 실제 성장을 이끄는지 검증한다. 이 과정에서 널리 활용되는 프레임워크가 AARRR 모델이다.

AARRR은 고객의 여정을 획득 Acquisition → 활성화 Activation → 유지 Retention → 추천 Referral → 수익 Revenue의 5단계로 나누어 분석하는 방법이다. 고객이 어떻게 유입되고, 서비스를 경험하고, 다시 돌아오며, 주변에 추천하고, 결국 매출로 이어지는지를 데이터로 확인함으로써 성장의 병목을 찾아낸다.

이처럼 고객 행동을 단계별로 분석하면 어떤 메시지가 실제 성장을 만들어 내는지 명확하게 드러난다. 더 나아가 그로스 해커들은 성장이 한 번의 마케팅 캠페인으로 끝나지 않도록 그로스 루프 Growth Loop 라는 구조를 설계한다. 이는 한 사용자의 행동이 다음 사용자의 유입으로 이어지는 선순환 구조를 의미한다.

예를 들어 사용자가 지인을 초대하는 바이럴 루프 Viral Loop, 사용자가 만든 콘텐츠가 새로운 유입을 만드는 콘텐츠 루프 Content Loop, 그리고 수익의 일부를 다시 마케팅에 투자해 성장을 확대하는 수익화 루프 Revenue Loop 등이 여기에 해당한다. 이러한 루프가 작동하기 시작하면 성장은 반복되며 복리처럼 확대된다.

가장 먼저 해야 할 일은 막연하게 광고를 집행하겠다는 계획에서 벗어나는 것이다. AI에게 구체적이고 입체적인 페르소나를 부여해 타깃 고객이 현실에서 직면한 진짜 고충을 날카롭게 파고드는 콘텐츠를 도출해야 한다. 이와 동시에 타깃별 맞춤형 카피를 대량으로 생성하고 이를 시각적 콘텐츠로 즉시 변환하는 마케팅 퍼널의 자동화를 구축해야 한다.

'마케팅 카피 최적화' 프롬프트 입력 예시

"[타깃 고객]에게 [서비스]의 가치를 가장 매력적으로 전달하기 위한 마케팅 문구를 작성해 줘."

· 마케팅 메시지 작성: 10초 안에 핵심을 찌르는 소개 멘트

· 광고 카피: 클릭을 유도하는 인스타그램 광고 문구 5가지 (공포 소구, 이익 소구 등 다양한 톤앤매너 적용)

· SNS 캡션: 바이럴을 유도하는 인스타그램&숏폼용 캡션 3가지

· 랜딩 페이지 헤드라인: 고객의 이목을 끄는 헤드라인과 서브 헤드라인 조합 10가지

11

AI가 답을 쥐도
판단은 사람 몫이다

AI를 활용할 때 반드시 가슴에 새겨야 할 3가지 핵심 원칙이 있다.

AI는 나침반이라고 생각하라

AI는 무조건적인 정답을 내놓는 자판기가 아니라 방향을 알려 주는 나침반에 불과하다는 사실을 직시해야 한다.

책상머리에서 AI와 완벽하게 검증을 마친 아이디어라 할지라도 냉혹한 시장에 나서는 순간 산산조각 날 수 있다는 것을 명심하라. 결국 목적지까지 직접 걸어가는 것은 도구가 아닌 창업자 자신의 두 발이기 때문이다.

반드시 교차 검증하라

하나의 AI 모델에만 맹목적으로 의존하지 말고 교차 검증을 철저히 습관화해야 한다.

챗GPT, 클로드, 제미나이 등 다양한 모델에 동일한 질문을 던지고, 각 모델이 제시하는 관점의 미세한 차이를 비교하고 분석하는 치열한 과정에서 비로소 진짜 통찰력이 탄생한다.

AI는 사용자를 닮는다

질문의 해상도를 극한으로 높이는 프롬프트 엔지니어링 역량을 반드시 갖춰야 한다.

단순히 '창업 아이디어를 달라'는 식의 1차원적인 질문에는 뻔한 대답만 돌아올 뿐이다. 다음과 같이 뾰족하고 구체적인 질문을 던져야만 그에 상응하는 구체적인 답을 얻어 낼 수 있다.

"자본금 500만 원으로 주말에 운영 가능하며, 3개월 내 BEP 달성이 가능한 30대 직장인 타깃의 사이드 프로젝트 아이디어."

AI는 과거 3개월이 걸리던 창업 준비 과정을 단 3일로 압축시켜 주는 압도적이고 강력한 가속기임이 분명하다. 하지만 세상을 실제로 바꾸는 것은 뛰어난 도구가 아니라 결국 사람의 투지와 실행력이다. AI를 통해 누구보다 날카로운 가설을 세우고, 시장이라는 피 튀기는

전장에서 온몸으로 부딪히며 빠르게 검증해 나가는 것, 그것이야말로
AI 시대를 돌파하는 창업자의 유일한 생존 방식이다.

3장

제품, AI로 시장에 나가다

AI 시대의 시장 진입 전략

통찰의 속도가 경쟁력이다

과거 기업들에게 시장 조사는 막대한 비용과 긴 시간이 소모되며, 문제가 발생 후에야 뒤늦게 반응하는 고통스러운 인내의 과정이었다. 이제는 AI가 이 시장 조사의 본질을 송두리째 재정의하고 있다. 이제 기업들은 최소한의 리소스만으로 고객의 심층적인 욕구를 파악하고, 경쟁사의 움직임을 실시간으로 감시하며, 비즈니스 아이디어를 검증하는 전 과정을 압도적인 속도로 수행할 수 있게 되었다.

시장 조사는 어떻게 달라졌나?

시장 조사의 진화 과정을 되짚어 보면 극적인 변화가 더욱 선명해진다. 1990년대 펜과 종이에 의존하던 아날로그 시대를 지나 2000년대 초 퀄트릭스Qualtrics나 메달리아Medallia가 온라인 설문 조사를 도입하며 본격적인 데이터 수집의 디지털화가 막을 올렸다. 이후 서베이몽키SurveyMonkey 같은 셀프 서비스 도구가 보급되면서 실무 팀 단위의 기민한 조사가 가능해졌지만, 역설적으로 이는 조직 전체의 데이터 가시성을 가리고 정보가 부서별로 단절되는 파편화의 부작용을 낳기도 했다.

2010년대 후반에 이르러 스프리그Sprig, 메이즈Maze, 도브테일Dovetail 같이 제품 UX에 특화된 연구 도구들이 등장하며, 비중재 사용성 테스트 등을 통해 고객 중심의 의사 결정에 속도를 붙였다. 하지만 현재 시장의 판도를 바꾸고 있는 AI 네이티브 리서치 솔루션들은 이러한 과거의 진보에서 완전히 새로운 차원으로 도약했다. 이들은 데이터를 모으는 것을 넘어 즉각적인 인사이트를 스스로 도출해 내며, 특정 소프트웨어 산업의 경계를 허물고 전 산업 영역에 적용될 수 있는 강력한 범용성까지 확보했다.

실제로 디스플레이어Displayr의 최근 연구 결과에 따르면, 현업 연구자의 85%가 AI 자동화 도구가 이미 자신들의 업무 워크 플로를 획기적으로 개선했다고 증언했다. 그중에서도 그들이 가장 열광한 핵심 가치는 바로 압도적인 시간 절약과 데이터 이면의 통찰력 도출이었다. 시장의 판도를 읽어 내는 무기가 달라진 지금, 느리고 무거운 과거의 리서치 방식을 고집하는 것은 경쟁에서 도태되는 것을 의미한다.

시장을 선도하는 AI 도구들은 저마다의 확실한 강점과 특화된 영역으로 무장하고 있다. 도구가 곧 경쟁력이다. 시장 조사에 유용한 주요 AI 도구와 활용법을 보자.

마켓 인사이트 AI Market Insights AI

무료 AI 기반 도구로 신규 비즈니스 아이디어에 대한 신속한 초기 검증에 최적화되어 있다. 사용자가 제품이나 서비스에 대한 간단한 설명만 입력하면, 과거에 수 주가 걸리던 분석 과정을 단 몇 초 만에 완료하는 압도적인 속도를 자랑한다. 챗GPT API를 기반으로 작동하는 이 도구는 직접 및 간접 경쟁사 분석, 심층적인 사용자 페르소나 프로필 생성, 그리고 TAM-SAM-SOM 관점의 시장 규모 추정까지 포함된 구조화된 전략 보고서를 단숨에 생성해 준다. 이는 초기 창업자가 투자자 미팅을 준비하거나 사업의 방향성을 잡을 때 가장 빠르고 효율적으로 객관적인 데이터를 확보할 수 있는 수단이다.

퍼플렉시티 프로 Perplexity Pro

시장 조사 전용 플랫폼은 아니지만, 데스크 리서치 Desk Research 단계에서 탁월한 효율을 발휘하는 AI 검색 엔진이다. 단순한 링크 나열에 그치는 기존 검색 엔진과 달리 웹상의 방대한 최신 정보를 실시간으로 종합하여 논리적인 대화형 답변을 제공한다. 특히 시장 조사에서 가장 중요한 정보의 신뢰성을 담보하기 위해 모든 정보에 클릭 가능한 출처를 명시하는 것이 강점이다. 이를 통해 사용자는 환각 현상에 대한 걱정 없이 최신 시장 트렌드, 뉴스, 경쟁사 동향을 심도 있게 파악할 수 있다.

콴틸로프 quantilope

리서치의 기획부터 분석까지 전체 수명 주기를 자동화하는 엔터프라이즈급 플랫폼이다. 과거에는 전문가의 영역이었던 A/B 테스트, TURF 분석, 컨조인트 분석, MaxDiff 분석 등 고도화된 방법론을 몇 번의 클릭만으로 실행할 수 있게 만들었다. 특히 내장된 AI 코파일럿 퀸quinn은 설문 문항 설계부터 데이터 분석, 그리고 최종 보고서 작성까지 전 과정을 가이드한다. 이를 통해 비전문가도 데이터 과학자의 도움 없이 소비자 행동 연구를 정교하게 수행하고 인사이트를 도출할 수 있다.

브랜드워치 Brandwatch

소셜 리스닝 분야의 절대 강자다. AI를 활용해 소셜 미디어, 블로그, 포럼, 뉴스 사이트 등 수백만 개의 온라인 소스에서 발생하는 대화를 실시간으로 모니터링하고 분석한다. 소비자들이 브랜드에 대해 실제로 어떤 이야기를 나누고 있는지, 감정 상태는 긍정적인지 부정적인지를 파악하는 데 뛰어나다. 브랜드 평판 관리와 위기 대응, 그리고 마케팅 전략 수립을 위한 빅데이터 분석의 필수 도구로 자리 잡았다.

재피 Zappi

실제 소비자를 대상으로 한 광고 및 신제품 테스트 자동화 플랫폼이다. 제품을 출시하기 전에 AI 예측 모델을 통해 창의적인 아이디어와 제품 결정의 성공 가능성을 미리 검증한다. 재피의 강점은 축적된 방대한 데이터베이스를 바탕으로 왜 특정 시안이 공감을 얻었는지, 어떤 요소가 브랜드 매력도를 견인했는지에 대한 심층 진단을 제공한다는 점이다. 이를 통해 기업은 실패 비용을 획기적으로 줄이고 마케팅 ROI를 극대화할 수 있다.

GWI 스파크 GWI Spark

AI의 편리함에 인간 데이터의 정합성을 결합한 도구다. 50개국 이상에서 약 100만 명의 실제 패널을 대상으로 인터뷰를 진행하고, 글로벌 표준 질문 세트를 사용하여 데이터의 신뢰성을 보장한다. 합성 데이터나 추론이 아닌, 실제 소비자의 목소리를 주문형으로 빠르게 확보할 수 있다는 것이 가장 큰 차별점이다. 이는 AI가 놓칠 수 있는 미묘한 인간의 심리와 행동 패턴을 파악하는 데 결정적인 역할을 한다.

AI가 사람 대신
시장을 테스트할 수 있을까?

AI를 활용한 자동화는 이제 리서치 프로세스의 모든 단계에 깊숙이 침투하여 업무의 본질을 바꾸고 있다. 먼저 목표 정의 단계에서는 자동화 도구가 방대한 고객 피드백과 소셜 미디어 데이터를 실시간으로 스캔하여 새로운 트렌드와 반복되는 이슈를 스스로 포착한다. 시장 조사 담당자는 산더미 같은 데이터를 수동으로 탐색하며 시간을 낭비하는 대신 AI가 도출해 준 핵심 질문을 바탕으로 연구 목표를 신속하고 정밀하게 설정하는 데 집중할 수 있다.

계획 수립 단계 역시 혁신적으로 변했다. 지능형 설문 플랫폼이 프로젝트의 목적에 맞는 최적의 샘플 구조를 제안하고, 복잡한 할당량을 자동으로 조정하며, 설문의 로직을 빈틈없이 설계한다. 시장 조사 담당자는 수동 설정 과정에서 발생할 수 있는 오류를 걱정할 필요 없이 자동화된 제안을 바탕으로 효율적이고 논리적인 조사 계획을 확정하면 된다.

데이터 수집 과정에서는 품질과 속도가 동시에 확보된다. 샘플 관리부터 리마인더 발송, 그리고 실시간 검증까지 모든 과정이 자동화되어 수동 감독의 필요성은 줄어들고 데이터의 품질은 비약적으로 높아진다. 특히 고도화된 사기 탐지 시스템은 오염된 응답이나 봇의 개입을 사전에 원천 차단하여 추후 데이터 클렌징에 소요되는 막대한 리소스를 획기적으로 경감시킨다.

마지막으로 분석 및 보고 단계에서 AI는 수천 건에 달하는 개방형 텍스트 응답을 순식간에 분석하여 그 안에 숨겨진 주제, 미묘한 감정, 그리고 고객의 숨은 의도까지 정확히 식별해 낸다. 과거 연구원들이 며칠씩 매달려야 했던 정성 분석이 이제 단 몇 분 만에 완료되는 것이다. 또한 생성형 AI는 설문지 문항 설계, 인터뷰 가이드 작성, 심층 토론을 위한 프롬프트 작성까지 전방위적으로 지원하며 리서치 준비와 결과 도출에 걸리는 시간을 극단적으로 단축하고 있다.

귀한 시간과 비용을 아껴 주는 가상의 고객 모델

혁신적인 비즈니스를 추구하는 스타트업과 대기업의 신규 사업팀은 필연적으로 무수히 많은 아이디어 중 '어떤 것에 한정된 자원과 시간을 배팅할 것인가'라는 어려운 딜레마에 직면하게 된다.

과거의 전통적인 방식대로 실제 타깃 고객을 일일이 모집하여 포커스 그룹 인터뷰나 대규모 설문 조사를 수행하는 것은 시장의 생생한 목소리를 듣는 정확한 방법일지는 모른다. 하지만 하루가 다르게 자금이 소진되는 스타트업의 현실에서 보면 수백, 수천만 원의 비용과 몇 주 이상의 시간이 소요되는 방식은 감당하기 어렵다. 바로 이 병목 지점에서 생성형 AI를 기반으로 한 '합성 고객Synthetic Customer'이라는 개념이 기존 시장 조사 방식을 뒤집는 혁신적인 대안으로 급부상하고 있다.

이 기술은 결코 무작위로 지어낸 데이터가 아니다. 실제 시장에 존재하는 고객들의 방대한 행동 패턴, 소비 성향, 심리적 결핍 등의 페르소나를 AI가 완벽하게 학습하고 모방하여, 인간을 대신해 시장의 반응을 검증해 내는 완전히 새로운 차원의 리서치 방법론이다. 더욱 놀라운 것은 이러한 합성 고객을 활용하면 IT 업계의 단순한 가설이나 흥미로운 실험 수준에 머무르지 않는다는 점이다.

최근 하버드 비즈니스 스쿨에서 발표한 심층 연구 결과는 이 기술의 파괴력을 과학적으로 뒷받침한다. 연구에 따르면, 거대 언어 모델에 특정 소비자의 디테일한 페르소나를 정밀하게 부여하면 이 AI 대리인들이 신규 제품 콘셉트나 마케팅 메시지에 대해 보일 반응을 놀랍도록 현실적으로 시뮬레이션할 수 있다. 이보다 더 충격적이고 고무적인 사실은 이렇게 AI가 순식간에 생성한 시뮬레이션 결괏값과 실제 수많은 인간 패널을 대상으로 엄청난 예산을 들여 수행한 전통적인 고비용 연구 결과의 통계적 결론이 매우 유사하게 도출되었다는 점이다. 이제는 굳이 비싼 돈을 들여 사람을 모으지 않아도 AI를 통해 인간과 거의 동일한 수준의 시장 통찰을 즉각적으로 얻어 낼 수 있음을 의미한다.

이러한 일련의 과학적 증명들은 합성 고객이 자원과 데이터가 부족한 초기 단계 기업들에게 불확실한 시장 조사를 완벽하게 대체하거나 강력하게 보완할 수 있는 역사상 가장 저렴하고 효율적인 도구로 확고히 자리 잡았음을 보여 준다. 수개월이 걸리던 가설 검증의 시간이 단 몇 분으로 압축됨으로써 창업자는 아이디어의 치명적인 약점과 시장의 불확실성을 그 어느 때보다 빠르고 저렴하게 제거할 수 있게 되었다. 이제 합성 고객과의 심층 인터뷰는 선택이 아닌 생존의 문제다. AI 기반의 합성 고객은 신제품 출시 과정에서 발생할 수 있는 실패 리스크를 최소화하는 가장 필수적인 검증 도구다. 이는 아이디어를 확인하는 수준을 넘어 사업의 타당성을 확보하고 투자 설득력을 높이는 전략적 핵심 도구로 진화하고 있다.

부서별로 살펴보는
AI 시장 조사 활용법

AI를 실무의 최전선에 투입하면 조직 내에 견고하게 세워져 있던 부서 간의 사일로Silo를 없애고 데이터 기반의 합리적인 의사 결정 문화가 조직 전체의 DNA로 확장될 수 있다. 사일로란, 원래는 곡물을 외부와 격리시켜 저장하는 높은 굴뚝 같은 형태의 건물을 의미하는데 경영 분야에서는 조직 내 부서 간 장벽이나 부서 이기주의를 뜻한다. 곡물 저장을 위한 사일로에 빗대어 조직원이 주위와 협력하지 않은 채 자기 틀에 갇히는 것에 비유한 것이다.

AI가 바꾼 영업의 방식, 직감에서 데이터로

그 첫 번째 혁신은 회사의 매출을 직접적으로 견인하는 영업 및 사업 개발 분야에서 시작된다. 이제 이들에게는 잠재 고객의 선호도와 구매를 결정짓는 핵심 트리거를 AI로 정밀하게 역추적하는 것이 필수가 되었다. 이를 통해 도출된 데이터 기반의 초개인화 맞춤형 제안서는 이미 업계의 새로운 표준으로 자리 잡고 있다.

과거 몇몇 에이스 영업 사원들의 직감이나 인맥에 의존하며 주먹구구식으로 영업을 전개했던 낡은 방식은 완전히 폐기되었다. 그 대신 AI가 고객 기업의 실시간 재무 상태, 임원진의 최근 뉴스 인터뷰, 그리고 그들이 당면한 가장 뼈아픈 과제 등을 입체적으로 분석한 데이터를 토대로 우리의 솔루션이 반드시 도입되어야만 하는지를 논리적으로 설득력 있게 제시함으로써 수주 성공률을 과거와 비교할 수 없을 만큼 획기적으로 수직 상승시키고 있다.

AI가 바꾼 마케팅의 방식, 낭비에서 수익으로

제품 포지셔닝을 기획하는 단계에서 제품 마케터는 AI의 예리한 통찰력을 활용해 경쟁사들이 미처 보지 못한 시장의 거대한 미충족 수요, 즉 숨겨진 황금어장인 화이트 스페이스를 가장 먼저 발굴해 낸다. 그리고 전 세계에 흩어진 고객 리뷰와 불만 사항, 그리고 경쟁사의 약점을 AI로 분석해 우리 제품의 핵심 기능을 실제 사용자 니즈에 맞게 최적화할 수 있다. 이를 통해 시장에서 독보적인 경쟁 우위를 확보할 수 있다.

이제는 소수의 마케팅 전문가들의 직관이나 감에 의존하지 않고 데이터가 지시하는 객관적인 통찰력을 뼈대로 삼아 대규모 캠페인을 기획할 수 있다. 본격적인 광고 집행 전에 고도화된 AI 시뮬레이션으로 어떤 톤 앤 매너의 메시지와 어느 디지털 채널의 조합이 가장 폭발적인 전환율을 만들어 낼지 치열하게 검증한다. 그리고 이 데이터를 토대로 고객의 마음을 무장 해제하는 가장 설득력 있는 캠페인 전략을 수립함으로써 마케팅 예산이 허투루 낭비되지 않고 투자 대비 수익률을 극한으로 끌어올릴 수 있다.

비즈니스 환경에서 경쟁사의 동태를 파악하는 벤치마킹 업무에는 크레용Crayon같이 고도로 특화된 인텔리전스 도구의 도입이 필수적이다. 정보의 홍수 속에서 AI는 불필요한 노이즈를 제거하고 비즈니스에 영향을 미칠 수 있는 유의미한 경쟁사의 움직임을 포착해 모니터링한다. 경쟁사의 가격 정책 변경, 핵심 인재 채용 동향, 마케팅 메시지의 변화까지 실시간으로 파악해 알람을 제공한다. 이를 통해 영업 및 마케팅 팀은 내응 진략을 한 발 앞서 수립할 수 있다.

마지막으로 청중 발견Audience Discovery 단계에서는 스파크토로SparkToro 같은 도구가 효과적이다. 이 도구는 웹상의 수십억 개 유저 프로필을 분석하여 타깃 고객의 디지털 활동 반경과 관심사를 시각화해 준다. 잠재 고객이 실제로 방문하는 웹 사이트, 청취하는 팟캐스트, 팔로우하는 인플루언서 등을 정확히 파악할 수 있다. 이를 통해 기업은 콘텐츠 배포 전략과 인플루언서 마케팅의 타깃팅 정확도를 향상시킬 수 있다.

내 사업에 맞는 시장 조사 AI 선택 가이드

성공적인 AI 도입은 조직의 상황과 목표에 부합하는 최적의 도구를 선별하는 데 달려 있다. 가장 먼저 고려해야 할 요소는 예산이다. 단순히 저렴한 것을 찾는 것이 아니라 프로젝트의 규모와 데이터 요구 사항 대비 비용 효율성을 철저히 따져야 한다. 초기 아이디어 검증 단계의 스타트업이나 1인 창업자라면 마켓 인사이트 AI Market Insights AI 같은 무료 도구만으로도 충분한 가치를 얻을 수 있다. 반면 전사적인 데이터 파이프라인 구축이 필요한 대기업이라면 예산이 들더라도 보안과 확장성을 갖춘 엔터프라이즈급 솔루션을 도입하는 것이 장기적으로 유리하다.

다음으로 중요한 기준은 확보하고자 하는 데이터의 유형이다. 소비자의 실제 목소리나 실시간 여론 변화를 파악해야 한다면 소셜 데이터 분석에 특화된 브랜드워치 Brandwatch가 적합하다. 반면 신제품 가격 설정이나 기능 선호도 조사처럼 정밀하고 구조화된 데이터 분석이 필요하다면 컨조인트 분석 Conjoint Analysis 등 심층 설문 기법을 자동화한 콴틸로프 quantilope가 합리적인 선택지다. 도구의 목적성을 명확히 하지 않으면 비용을 들이고도 목적에 맞지 않는 데이터를 얻을 수 있다.

조직 구성원의 기술 수준 또한 간과해서는 안 될 요소다. 전문적인 데이터 분석가가 없는 마케팅 팀이나 기획 팀이 조사를 주도해야 한다면, GWI 스파크나 재피처럼 직관적인 인터페이스를 갖춘 플랫폼을 선택해 누구나 쉽게 사용할 수 있도록 해야 한다. 반면 데이터 사이언스 팀이 존재하거나 고도화된 커스터마이징이 필요한 경우라면, API

를 통해 로우 데이터Raw Data에 접근하고 모델을 직접 튜닝할 수 있는 기술 중심 솔루션을 선택하는 것이 바람직하다. 이와 함께 도입하려는 도구가 사내 CRM, 슬랙, 대시보드 등 기존 기술 스택Tech Stack과 연동되는지, API 지원 여부는 어떠한지 점검해야 한다. 이를 통해 데이터가 사일로에 갇히지 않고 조직 전체로 원활하게 공유될 수 있다.

결국 비즈니스 환경에서 AI 기반의 시장 조사는 더 이상 옵션이 아니라 기업의 생존을 결정짓는 필수적인 전략이다. 과거의 방식으로는 따라잡기 어려운 시장의 변화 속도 앞에서 AI를 통해 가설을 빠르게 검증하고 실시간으로 전략을 수정하며 객관적인 데이터로 무장한 조직만이 불확실성을 뚫고 시장을 주도할 수 있다.

단 하루 만에
아이디어를 MVP로 만드는 AI들

최소 기능만 넣어 먼저 시장에 내놓는 제품을 개발하는 환경은 AI 의 등장과 함께 변화를 맞이했다. 과거 기획서 작성부터 개발자 고용, 수동 코딩, 피드백 수집, 수정 및 반복으로 이어지던 MVP 프로세스 는 스타트업이 시장 검증 단계에 도달하기도 전에 시간과 자금을 소 진하게 만드는 고비용 구조였다. AI는 이 비효율적인 구조를 개선하 며 새로운 개발 패러다임을 제시했다. 이제 창업자들은 속도와 품질 사이에서 타협할 필요가 없다. AI 기반 개발 도구의 발전으로 아이디 어 구상부터 프로토타입 제작, 테스트, 반복에 이르는 전 과정에서 효 율성을 높일 수 있게 되었기 때문이다.

AI 도구들은 MVP를 신속하게 구축하고 검증하도록 설계되어 있어 소규모 팀이라 할지라도 대기업 수준의 속도와 품질로 실행력을 발휘할 수 있다. 엔랩 소프트웨어Enlab Software의 연구 결과가 보여 주듯 AI 는 사용자 리서치, UI 디자인, 코드 생성, 피드백 분석 등 기존에 많 은 리소스가 투입되던 작업들을 자동화하여 MVP 개발 주기를 단축 한다. 재스퍼Jasper, 유이자드Uizard, 깃허브 코파일럿GitHub Copilot 같은 도구를 활용하면 과거에는 수 주가 소요되던 아이디어 시각화 작업을 며칠 만에 완료할 수 있다. 또한 예측 분석 기술은 시장 적합성을 조 기에 검증하여 향후 발생할 수 있는 고비용의 피벗 위험을 사전에 차 단하는 역할을 수행한다.

전문적인 개발 지식이 없는 일반인도 AI를 활용하면 머릿속의 아이 디어를 실제 작동하는 최소 기능 제품을 쉽게 만들 수 있다. 과거에는 기획자, 디자이너, 개발자가 모여 수개월을 작업해야 했던 과정들이 이제는 용도에 맞는 AI 도구들을 조합하는 것만으로 단기간에 해결된 다. 복잡한 컴퓨터 언어를 몰라도 일상적인 대화나 간단한 조작만으 로 프로그램을 만들어 낼 수 있는 시대가 열렸다.

슈퍼 엔지니어 AI Super Engineer AI

가장 먼저 눈여겨볼 도구는 슈퍼 엔지니어 AI다. 이 도구는 전체 개 발팀을 통솔하는 똑똑한 프로젝트 매니저 역할을 한다. 사용자가 평 소 쓰는 언어로 만들고 싶은 서비스의 핵심 기능을 설명하면 사용자 눈에 보이는 웹 사이트 화면부터 보이지 않는 데이터 저장 공간까지 알아서 기초 공사를 마무리한다. 보통의 개발팀이 몇 주에 걸쳐 작업해야 할 초기 설정 과정을 단 몇 시간 만에 끝낼 수 있어 비전문가도 쉽게 프로젝트의 첫 단추를 끼울 수 있다.

깃허브 코파일럿 GitHub Copilot

개발 과정에서 직접 코드를 다뤄야 할 때도 AI 조수의 도움을 받을 수 있다. 깃허브 코파일럿은 수많은 컴퓨터 언어를 학습한 똑똑한 AI 조수다. 사용자가 프로그램의 의도를 짧은 문장이나 메모로 적어 두면, 그에 맞는 복잡한 코드를 알아서 작성해 준다.

커서 Cursor

또한 커서라는 도구를 사용하면 일상적인 영어 문장을 입력하는 것만으로도 온전한 하나의 프로그램을 완성할 수 있다. 두꺼운 개발 설명서를 읽지 않아도 짧은 시간 안에 필요한 프로그램을 만들어 낼 수 있어 일반인의 기술 진입 장벽을 크게 낮춰 준다.

브이제로 v0

디자인과 화면 구성 단계에서는 글로 설명한 것을 시각적인 결과물로 바꿔 주는 도구들이 유용하다. 브이제로는 머릿속에 있는 웹 사이트의 모습을 글로 묘사하면 곧바로 실제 작동하는 화면으로 변환해 준다. 비싼 비용을 들여 디자이너를 고용하기 전에 내 아이디어가 실제로 어떻게 보일지 빠르게 확인하고 수정할 수 있다.

볼트닷뉴 Bolt.new

볼트닷뉴는 개인 컴퓨터에 무거운 개발 프로그램을 설치할 필요 없이 인터넷 브라우저 창 하나만 띄워 놓고 서비스를 만들고 사람들에게 공개할 수 있는 편리한 환경을 제공한다.

러버블 Lovable

러버블은 메신저에서 채팅하듯 대화하는 방식으로 프로그램 제작을 돕는다. 코딩을 모르는 기획자라도 직접 시제품을 만들어 눈으로 확인하며 개발팀과 소통할 수 있어 업무 속도가 크게 향상된다.

마지막으로 클릭과 드래그만으로 서비스를 만들 수 있는 노코드 도구들이 있다.

퀵유아이 KwikUI

퀵유아이는 참고하고 싶은 웹 사이트의 화면을 사진으로 찍어서 올리면 그것과 비슷한 형태를 구현할 수 있는 명령어를 알아서 만들어 준다. 이를 통해 빠른 시간 안에 초기 접속 화면을 구성하고 아이디어를 시험해 볼 수 있다.

버블 Bubble.io

버블은 마치 파워포인트에서 도형을 배치하듯 필요한 기능들을 마우스로 끌어다 놓기만 하면 복잡한 서비스가 완성되는 대표적인 도구다. 코딩을 한 줄도 쓰지 않고도 회원 가입, 결제, 데이터 저장 등 다양한 기능을 갖춘 나만의 웹 서비스를 만들어 낼 수 있다.

이제 누구나
제품을 만들 수 있다

성공적인 MVP를 개발하려면 기획부터 검증에 이르는 모든 단계에 AI를 전략적으로 녹여 내야 한다.

문제를 제대로 찾는다

먼저 아이디어 검증 및 리서치 단계에서는 챗GPT, 퍼플렉시티, 클로드 등을 활용해 사용자 페인 포인트와 검색 트렌드를 분석한다. 대중의 질문, 커뮤니티의 불만, 기존 도구의 한계를 파악하여 시장성 있는 솔루션을 기획해야 한다.

핵심 기능만 남긴다

이어지는 필수 기능 정의 및 우선순위 설정 단계에서는 MVP의 핵심 기능을 매핑한다. 에어포커스Airfocus, 노션, 프로덕트보드Productboard 등을 활용해 사용자 접점과 예상 결과를 정의하고, 제품 백로그에 의사 결정을 문서화하여 개발 효율을 높인다.

서비스의 뼈대가 될 데이터를 만든다

데이터를 확보하고 다듬는 과정은 MVP의 뼈대를 세우는 일과 같다. 고품질 데이터 확보를 위해 핵심 고객이 실제로 겪을 만한 상황을 반영하는 데이터를 수집, 정제, 레이블링해야 하며 만약 데이터가 부족하다면 사람이 직접 개입하여 규칙을 만들어 주는 방식으로 빈틈을 채울 수 있다.

아이디어를 눈에 보이게 만든다

이후 프로토타이핑 단계에서는 텍스트 프롬프트로 실제 UI 목업을 생성할 수 있고 유이자드Uizard나 프레이머 AI Framer AI 같은 도구에 대화하듯 원하는 화면을 묘사하기만 하면 단시간에 눈으로 직접 확인할 수 있는 서비스 초안이 완성된다.

사용자들의 반응을 확인한다

검증과 개선 단계에서도 AI의 역할은 중요하다. AI는 사용자가 특정 기능을 어떻게 쓸지 미리 예측해 보고, 반응이 더 좋은 디자인이나 문구를 찾아 주는 테스트를 스스로 진행한다. 또한 사용자가 마우스를 어디로 움직였고 어느 화면에서 헤매다가 이탈했는지를 분석해 미처 몰랐던 서비스의 불편한 점을 시각적으로 파악해 낸다.

데이터를 보고 제품을 다듬는다

개선 단계에서는 초기 사용자 데이터를 예측형 AI로 분석하여 제품 시장 적합성 PMF, Product-Market Fit을 평가한다. 기업은 이렇게 모은 사용자 유지율, 기능 채택 패턴, 감정 분석 결과 등을 분석하여 제품이 시장에서 비용을 지불할 만큼 가치 있는 아이템인지 냉정하게 평가하고 기능을 끊임없이 개선하게 된다.

실제 사용자와 함께 진화한다

시장의 검증을 통과해 본격적으로 사용자를 늘려 가는 확장 단계에 이르면 AI는 이제 시스템의 핵심 관리자 역할을 맡는다. 머릿속 가설로만 만들었던 초기 모델을 실제 사용자들의 데이터로 계속 학습시켜 더욱 정교하게 진화시키는 것이다. 동시에 24시간 내내 시스템을 감시하여 사람이 놓치기 쉬운 아주 작은 오류나 멈춤 현상도 알아서 찾아내고 서비스 중단이라는 치명적인 문제를 미리 막아 준다.

　이러한 모든 과정을 거치면 사용자 입장에서는 마치 전담 개인 비서를 둔 것처럼 개인의 취향과 행동 패턴에 딱 맞는 초개인화 서비스를 경험하게 된다. 서비스 운영 측면에서도 AI가 평소 사람들의 접속 패턴을 분석해 언제 트래픽이 몰릴지 미리 예측하고, 서버가 다운되기 전에 알아서 리소스를 늘려 주는 등 비용과 안정성을 모두 잡을 수 있다. 결론적으로 성공적인 서비스 개발은 무작정 빨리 만드는 것이 전부가 아니라 객관적인 데이터를 바탕으로 시장이 진정으로 원하는 제품을 빠르고 튼튼하게 만들어 내는 것이다. 기획부터 확장까지 모든 과정에 AI를 효과적으로 활용하는 기업만이 치열한 경쟁을 뚫고 시장에 안착할 수 있다.

성공 확률도
미리 계산하는 AI

사업 타당성 분석은 창업이나 신규 사업 추진 시 가장 중요한 초기 단계로 시장의 크기, 경쟁 환경, 비즈니스 모델의 수익성, 실행 과정의 리스크 등을 검토하는 과정이다. 과거에는 주로 설문 조사, 인터뷰, 이미 발행된 시장 리포트에 의존했다면 이제는 AI가 데이터를 실시간으로 스캐닝하고 패턴을 추출하며 다양한 시나리오를 제시하는 방식으로 분석의 정확도와 깊이를 높이고 있다.

AI는 인간이 처리하기 힘든 대량의 정형 및 비정형 데이터를 처리해 패턴을 발견하고, 정교한 예측 모델을 통해 미래 가능성을 추정할 수 있다. 예를 들어 스타트업이 새로운 제품을 준비할 때 고객 리뷰, 소셜 미디어 게시물, 검색 엔진 트렌드, 운영 데이터 등을 AI 기반으로 분석해 실제로 고객이 반복해서 겪는 불편을 자동으로 탐지할 수 있다. 이제는 AI 기반으로 사업 타당성 분석을 진행할 때 더 합리적인 의사 결정이 가능해졌다.

AI로 사업 타당성을 단계별로 검증하는 방법

사업의 타당성을 검토하는 일은 창업자의 아이디어를 시장의 언어로 번역하는 작업이다. 과거에는 이 과정에 수개월의 시간과 높은 비용이 필요했지만, 이제는 AI를 활용하여 속도와 정밀도를 높이고 있다. 사업 타당성 분석 과정에 AI를 어떻게 적용할 수 있는지 단계별로 살펴보자.

시장 기회 탐색 단계에서는 AI가 고객의 불편을 데이터로 치환한다. 비즈니스의 시작은 해결할 가치가 있는 문제를 찾는 것이다. 과거에는 소수 표본의 설문 조사나 직관에 의존했지만, 이제는 AI 기반 자연어 처리 기술이 방대한 데이터를 실시간으로 분석한다. AI는 고객 리뷰, 소셜 미디어 언급, 검색어 트렌드를 분석해 잠재적 시장 문제를 도출한다. 예를 들어 출산 이후 외식이 줄었다는 정성적인 추정에 머물지 않고, 최근 2년간의 SNS 데이터를 분석해 아이 동반 외식 시 주변 시선에 대한 부정 언급량이 45% 증가했다는 수치를 찾아내는 방식이다. 여기에 인구 통계 데이터를 결합하면 타깃 고객 풀, 예상 지불 의사 금액, 반복 구매율을 수식화한 시장 규모 추정 모델을 구축할 수 있다. AI는 주관적 판단을 객관적 데이터로 전환하는 역할을 한다.

사업 모델 및 수익성 분석 단계에서 AI는 수익 구조를 구체화한다.

AI 기반 재무 예측 플랫폼은 사용자당 평균 매출ARPU, Average Revenue Per User, 고객 획득 비용CAC, 고객 생애 가치LTV와 같은 지표들을 실시간으로 연결하고 시뮬레이션한다. 루시드Lucid의 분석 결과에 따르면 AI 기반 예측 도구를 활용한 스타트업이 전통적인 엑셀 방식을 사용한 기업보다 연평균 매출 성장 가능성이 10% 높게 나타났다. AI는 수익 구조의 건전성을 검증하기 위해 비즈니스 모델의 변곡점을 사전에 파악한다. 광고비 지출이 15% 늘어날 때 영업이익률이 하락하는 지점을 파악하는 등 연산을 통해 적절한 수익 배합을 제안한다.

실행 가능성 및 리스크 평가 단계에서 AI는 위험 요소를 점검한다. 아이디어의 실제 실행 여부를 판단하기 위해 기술적 리스크, 시장 진입 장벽, 국가별 규제 환경 등을 법률 및 기술 데이터베이스를 기반으로 분석한다. 규제 샌드박스나 법령 변화를 실시간으로 모니터링하여 향후 발생할 수 있는 규제 이슈를 사전에 파악한다. AI는 복잡한 리스크 요인들을 데이터 기반으로 시각화하여 객관적으로 실행 가능성을 판단할 수 있도록 돕는다.

시나리오 및 민감도 분석 단계에서 AI는 다양한 가상 상황What-if을 시뮬레이션한다. 사업이 계획대로 진행되지 않을 경우를 대비해 고객 유입이 예상보다 20% 낮아질 때 LTV가 어떻게 변동하는지, 주요 원자재 가격이 상승할 때 손익 분기점 도달 시점이 얼마나 지연되는지 즉각 그래프와 테이블로 제시한다. 이를 통해 사업 모델이 외부 환경 변화에 어떻게 반응하는지 파악하고 대응 전략을 설계할 수 있다. 이 과정은 위험을 대비하는 동시에 특정 변수를 통제하여 사업을 성장시킬 수 있는 요인을 찾는 과정이다.

결론적으로 AI를 활용한 사업 타당성 분석은 작업 속도를 높이는 것뿐만 아니라 합리적인 의사 결정을 지원하는 역할을 한다. 이제는 객관적인 데이터에 기반한 사업 계획 수립이 필수다. AI를 통해 시장을 분석하고 시뮬레이션으로 미래 상황을 예측함으로써 불확실성을 줄일 수 있다. 창업자에게 AI는 그 누구보다 든든한 아군이 될 것이다.

AI 데이터 분석의 함정에 빠지지 않는 법

통계에 따르면 전 세계 기업의 약 78%가 이미 업무의 최소 한 영역 이상에 AI를 도입하며 AI 보편화의 시대에 접어들었다. 하지만 그 화려한 지표 뒤에는 막대한 투자액이 실질적인 비용 절감이나 매출 중대로 이어진 사례가 극히 드물다는 냉혹한 현실이 숨어 있다. 이는 단순히 최첨단 도구를 손에 쥐는 것만으로는 성과를 보장할 수 없으며, 그 도구를 비즈니스의 맥락 안에서 어떻게 활용하느냐에 따라 결과가 극명하게 갈린다는 사실을 방증한다.

AI를 활용한 사업 타당성 분석 역시 이러한 생산성의 역설에서 자유로울 수 없다. 분석 모델이 정교하게 설계되지 않으면 데이터의 양에만 매몰될 뿐 정작 의사 결정에 필요한 핵심적 통찰은 결여된 데이터 만능주의의 함정에 빠지기 쉽다. '쓰레기가 들어가면 쓰레기가 나온다'는 GIGO Garbage In, Garbage Out 의 원칙은 AI 시대에도 변함없는 진리다. 데이터의 질이 낮거나 편향되어 있다면 분석 결과 자체가 왜곡되는 것은 자명하며, 아무리 비싼 AI 솔루션을 도입했더라도 조직에 이를 전략으로 전환할 실행 역량이 없다면 그저 비싼 쓰레기 보고서를 만드는 데 그치고 만다. 특히 시장의 판도가 분 단위로 변하는 격변기에는 AI가 과거의 패턴에만 의존해 미래를 예측하려 들 때 발생하는 오류가 치명적인 독이 될 수 있다.

따라서 실전에서 AI를 활용한 타당성 분석이 성공하기 위해서는 창업자가 반드시 지켜야 할 몇 가지 철칙이 있다.

데이터의 품질 확보가 최우선이다

분석 도구의 화려한 기능에 현혹되기보다 우리 조직의 데이터가 얼마나 깨끗하게 적재되고 있으며, 그 정합성이 검증되었는지를 철저히 따져야 한다. 견고한 데이터 파이프라인 없이는 AI라는 고성능 엔진도 무용지물일 뿐이다.

AI의 결과물은 정답이 아니라 가설이다

AI가 도출한 데이터 분석 결과는 반드시 창업자의 날카로운 통찰력 및 치열한 현장 검증 과정과 유기적으로 결합되어야 한다. AI는 숫자를 읽지만, 인간은 그 숫자 이면에 숨겨진 시장의 미묘한 뉘앙스와 고객의 숨겨진 욕망을 읽어 낸다. AI가 놓칠 수 있는 맥락을 보완하는 것은 여전히 창업자만의 고유한 영역이다.

분석은 일회성 이벤트가 아니라 동적인 과정이다

한 번의 시나리오 분석으로 사업의 운명을 결정짓지 마라. 시장 상황에 맞춰 분석 결과를 주기적으로 업데이트하고, 초기에 설정한 가정이 실제 비즈니스 전개 과정과 얼마나 차이가 나는지를 끊임없이 추적하며 모델을 보정해야 한다. 비즈니스는 살아 움직이는 생물과 같기 때문이다.

중요한 점은 AI가 사업 타당성 분석을 과거보다 훨씬 빠르고 정밀하게 수행할 수 있도록 도와줄 수 있지만, AI가 자동으로 정답을 제시하는 것이 아니라 인간의 판단과 분석 능력을 확장하는 도구라는 사실이다. 사업 분석은 데이터 위에 창업자의 직관과 현장 경험이 더해질 때 완성된다. 창업자는 AI를 단순히 속도를 높이는 용도로만 사용해서는 안 되며 오히려 AI를 비즈니스 모델의 허점을 찾아내고 가설을 검증하며, 시스템을 고도화하는 파트너로 활용해야 한다. 기술이 발전하더라도 비즈니스의 본질인 가치 창출과 결과에 대한 책임은 여전히 사람의 몫이기 때문이다.

4장

팀,
AI와
함께 진화하다

AI 시대의 팀 빌딩

01

사람만이
희망이다

AI는 조직의 업무 처리 속도와 의사 결정의 정밀도를 과거와 비교할 수 없는 수준으로 향상시켰다. 방대한 데이터를 단시간에 처리하고 숨겨진 패턴을 추출하는 AI의 연산 능력은 팀이 시장의 불확실성을 통제하고 합리적인 전략을 수립할 수 있는 기반을 제공한다. 그러나 새로운 시대의 팀 빌딩 과정에서 명심해야 할 핵심은 AI가 조직의 모든 문제에 대한 정답을 자동으로 산출해 내는 절대적인 리더가 아니라는 사실이다. AI는 어디까지나 인간 팀원의 지적 능력을 보조하고 사고의 범위를 확장시켜 주는 고도화된 협업 도구다. 아무리 정교하게 설계된 알고리즘이라 할지라도 조직 내의 복잡한 역학 관계나 예측 불가능한 시장의 변수, 사람과 사람 사이의 미묘한 심리적 요인까지 전부 계산할 수는 없다.

따라서 리더와 팀원들은 도출된 데이터를 무비판적으로 수용하는 대신, 이를 활용하여 비즈니스의 핵심 문제를 명확히 정의하는 데 집중해야 한다. AI 모델이 제시한 복잡한 데이터 패턴과 시뮬레이션 결과를 객관적인 시각으로 해석하고, 그 위에 사람 고유의 통찰력과 현장에서 체득한 실무 감각을 융합해야 조직의 성과가 극대화된다.

이제 기업은 AI를 인건비 절감이나 업무 속도 향상을 위한 단기적 수단으로만 활용해서는 안 된다. 오히려 팀 전략의 논리적 오류를 파악하고, 초기 가설을 날카롭게 검증하며, 지속적인 피드백을 통해 조직 시스템 전반을 고도화해 나가는 지적 파트너이자 새로운 팀원으로 받아들여야 한다.

기술이 발전하고 업무의 자동화가 보편화되는 환경에서도 조직의 궁극적인 목적인 새로운 가치 창출과 그에 수반되는 최종적인 의사 결정의 책임은 오롯이 사람의 몫으로 남는다. 결국 AI 시대의 실질적인 팀 경쟁력은 도입한 기술 자체의 성능이 아니다. 제공된 데이터를 바탕으로 타당한 판단을 내리고 실행 과정의 리스크를 통제해 나가는 인간의 융합적 사고 능력과 소통 역량에 의해 결정된다.

그렇다면 사람과 AI가 하나의 팀으로서 함께 공존하면서 최적의 시너지를 내기 위해서는 구체적으로 어떻게 해야 할까?

AI 시대 기업이 빠지는 3가지 착각

첫째, 기업이 AI를 도입하고 조직을 구성하는 과정에서 범하는 주요한 오류 중 하나는 AI가 사람을 완전히 대체한다고 인식하는 것이다.

AI 도입을 근거로 기존 인력을 감축할 수 있다는 접근은 합리적이지 않다. 세계경제포럼의 미래 직업 보고서에 따르면 AI와 자동화 기술은 기존 일자리를 대체하는 동시에 더 많은 수의 새로운 일자리를 창출하여 전체 일자리 수는 오히려 증가하는 경향을 보인다. 이는 AI가 일자리를 소멸시키는 것이 아니라 직무의 성격을 재정의하고 있음을 의미한다. 깃허브 코파일럿을 활용하는 개발자의 생산성이 크게 향상된다는 통계는 개발자라는 직업이 사라지는 것이 아니라 동일한 시간 대비 산출물이 증가한다는 것을 보여 준다. 따라서 조직에 필요한 것은 인력을 축소하는 것이 아니라 AI 도구를 효과적으로 다루는 역량 있는 실무자를 양성하는 일이다.

다음으로, 조직이 경계해야 할 인식은 소수의 AI 선문가만 영입하면 모든 과제가 해결될 것이라는 기대다.

전문 인력의 확보도 중요하지만 그것이 성공적인 팀 빌딩의 충분조건은 아니다. AI 시대의 조직 경쟁력은 특정 전문가 그룹이 아니라 팀원 전체가 AI 리터러시를 갖추었을 때 비로소 발휘된다. 세일즈포스의 연구 결과에 따르면 AI 도입에 성공한 기업과 그렇지 못한 기업의 결정적인 차이는 전문가의 규모가 아니라 일반 직원의 도구 활용 능력에 있었다. 성공적인 기업은 대다수의 직원이 일상적인 업무에 AI를 적극적으로 활용하는 반면, 성과를 내지 못한 기업은 그 활용 비율이 현저히 낮게 나타났다.

마지막으로, AI가 조직의 모든 난제를 자동으로 해결해 줄 것이라는 맹신을 피해야 한다.

가트너의 조사에 따르면 다수의 AI 프로젝트가 초기에 기대했던 성과를 달성하지 못하는 것으로 확인된다. 이러한 결과의 주요 원인은 AI 기술 자체의 결함이 아니다. 새로운 기술을 도입했음에도 기존의 업무 프로세스와 전통적인 의사 결정 방식을 그대로 유지하는 조직 문화에 있다.

결론적으로 AI는 업무 효율을 높이는 도구에 불과하며, 이 도구를 전략적으로 활용하고 시스템 변화에 맞게 팀 구조를 혁신할 수 있는 유연한 조직 역량이 뒷받침될 때 도입의 진정한 가치를 창출할 수 있다.

사람과 AI가 함께 일하는
조직의 5가지 조건

AI 도입이 가속화되면서 기업은 AI가 사람을 대체할 것인지, 아니면 역량을 강화할 것인지에 대한 질문에 직면했다. 기술의 변화는 새로운 선택을 요구하며, 그 결과에 따라 기업의 생존과 성장이 좌우된다. 다수의 기업이 AI 도입만으로 비용 절감과 생산성 향상이 자연스럽게 이루어질 것이라 기대하지만 실제 결과는 다르게 나타나기도 한다. 맥킨지의 〈2025 AI 리포트〉에 따르면 AI 도입 후 실질적인 생산성 향상을 경험한 기업은 32%에 불과하며, 나머지 68%의 기업은 오히려 기존보다 더 복잡한 운영상의 문제에 직면한 것으로 확인된다. 이는 성과를 가르는 핵심 요인이 기술 자체가 아니라 기술을 수용하는 사람의 태도, 조직 구조, 그리고 기업 문화에 있다는 사실을 보여 준다.

기업들은 AI 기반의 자동화 시스템을 구축하면 즉각적인 업무 효율 향상으로 이어질 것으로 예상한다. 하지만 도구가 도입되었더라도 조직이 이를 활용할 체계적인 준비가 되어 있지 않다면 실질적인 효과를 거두기 어렵다. 기술을 도입하는 과정에서 일부 구성원은 새로운 시스템에 대한 불안감을 느끼고, 다른 일부는 도구의 결과물에 과도하게 의존하는 등 다양한 문제 상황이 발생할 수 있다. 결국 도입된 도구의 성능보다 중요한 것은 그 도구를 목적에 맞게 통제하고 다룰 수 있는 사람의 역량이다.

AI 시대에 기업이 나아가야 할 방향은 업무 자동화를 통한 생산성 증대나 구조 조정을 통한 단기적인 비용 절감에 머물러서는 안 된다. AI와 협업하는 방식을 이해하는 실무자를 육성하고, 이러한 AI 역량을 조직 전체의 문화로 내재화하는 과정이 수반되어야 한다. 도구를 이해하고 융합적 사고를 발휘할 수 있는 사람 중심의 조직을 구축하는 것만이 변화하는 비즈니스 환경에서 기업이 경쟁력을 유지하고 지속 성장하기 위한 필수 전략이다.

AI 시대에 팀을 성공적으로 구축하기 위해서는 기존의 팀 빌딩 방법론을 완전히 뒤엎는 새로운 접근이 필요하다. AI 기술을 도입만 하는 것이 아니라 AI를 잘 학습시키고 양육하여 AI와 사람이 함께 성장하는 구조를 만드는 일이다.

팀의 필수 역량, AI 리터러시

이제 AI를 다루지 못하는 것은 이메일을 쓰지 못하는 것과 다를 바

없다. 실제로 링크드인 데이터에 따르면 AI 기술 보유자의 소득은 비보유자보다 25%나 높으며 그 격차는 계속 벌어지고 있다. 이를 위해 팀은 매주 1시간씩 전사 교육 프로그램을 운영하고, 챗GPT나 코파일럿 같은 도구 사용을 의무화하며, 최소한 일주일에 한 번은 작은 성공 사례를 적극적으로 공유하며 팀 전체의 역량을 끌어올려야 한다.

서울대학교병원에서 재활의학과장으로 근무하면서 달리기 전도사, 유튜버로 활동하고 있는 정세희 교수는 매일 5분에서 10분만 달려도 건강 위험이 반으로 준다고 강조한다. 같은 맥락으로 매일 10분이라도 AI를 적용하여 업무를 효율화하고 자동화하는 노력을 해야 조직의 생산성이 달라질 것이다. 중요한 건 기술 자체가 아니라 사람이고 더 정확히는 그 사람의 습관이다.

인간만이 할 수 있는 본질적인 일에 집중한다

AI가 데이터 분석이나 반복적인 초안 작성을 전담한다면, 인간은 창의적 문제 해결과 공감 능력, 전략적 의사 결정 같은 영역에 에너지를 쏟아야 한다.

글로벌 이커머스 플랫폼 쇼피파이 Shopify는 AI가 고객 문의 80%를 처리하도록 했지만 인력을 줄이지 않았다. 대신 고객 서비스 조직의 역할을 복잡한 문제 해결과 고객 경험 강화로 재설계해 만족도를 32% 끌어올렸다. 조직원들이 AI 때문에 없어지는 역할이 아니라 AI 때문에 확장되는 역할을 경험할 때 조직의 동력이 완전히 달라진다.

AI는 어디까지나 훌륭한 조연이며, 비즈니스의 주인공은 여전히 사람이라는 점을 명확히 해야 한다.

끊임없이 학습하는 조직

AI는 매일, 매주, 매월 업데이트되면서 사용 환경과 방식이 바뀌는 기술이기 때문에 지속적으로 배우려는 노력이 필요하다. 성공하는 조직의 공통점은 단순하다. 매주, 매월, 분기별로 AI 트렌드와 새로운 기술을 업데이트하고 조직 내외의 AI 성공 사례와 실패 사례를 공유하고 외부 전문가를 주기적으로 초청하여 강연을 들으며 직원 1인당 월 단위 AI 도구 예산 배정하여 마음껏 써 볼 수 있게 하는 것이다.

글로벌 핀테크 회사 스트라이프처럼 분기마다 모든 업무를 중단하고 새로운 AI 도구를 실험하는 AI 러닝 데이AI Learning Day를 운영하거나, 팀별로 AI 전문가를 육성하고 별도의 도구 예산을 책정하는 루틴이 필요하다. 이러한 지속적인 학습 문화가 정착된 팀만이 변화하는 기술 환경에서 생산성을 유지할 수 있다. AI를 학습하기 위해 쓰는 시간은 사치가 아니라 투자다.

두려움을 없애고 신뢰를 쌓는다

AI 도입 시 가장 큰 장애물은 기술이 아니라 감정이다. AI가 내 일을 빼앗지 않을까 두려워하는 것은 조직의 동력을 약화시킨다. AI 도입을 가장 적극적으로 했던 사람들이 AI 도입이 완료되면 가장 먼저 해고될 것이라는 괴담도 사람들을 불안하게 만든다. 가장 중요한 건 투명성이다. AI 도입의 목적, 기준, 데이터 사용 방식 등을 공개하고 구성원의 우려를 정면으로 다루어야 한다. AI 도입 설명회나 전사 타운홀 미팅 등을 통해 직원들에게 투명하게 공개하고 신뢰를 얻어야 한다. 늘 그렇듯 조직은 기술보다 사람의 마음이 먼저 움직여야 변화가 일어난다.

사람과 AI가 함께 일하는 하이브리드 조직

앞으로의 조직은 사람 중심도, AI 중심도 아니다. 사람과 AI가 함께 일하는 하이브리드 조직이 된다. 이미 많은 기업에서 AI 에이전트가 조직의 일원이 되고 있다.

글로벌 핀테크 회사 클라르나 Klarna는 AI 고객 서비스 에이전트가 700명의 업무를 처리하고 있지만, 이를 해고로 연결하지 않았다. 대신 인력을 재배치해 AI가 못 하는 고난도 문제, 고객 경험 설계에 집중시키며 전체 성과를 끌어올렸다.

최근 필자가 컨설팅한 기업들도 문서 요약과 보고서 작성은 AI가 처리하도록 하고, 직원들은 조사, 분석, 기획 업무에 집중하도록 구조를 바꾸었다. 단순 반복 업무가 줄고 역할이 재편되면서 구성원들의 만족도가 높아지고 일의 의미도 더 분명해졌다는 평가가 나오고 있다.

산업 혁명, 인터넷 혁명, 모바일 혁명 등 새로운 기술이 태동할 때마다 그랬듯 새로운 시대에서 승자가 되기 위해서는 조직의 역량을 키워야 한다. 이제는 AI를 활용하는 조직만이 변화의 속도를 따라갈 수 있고, 성장의 기회를 포착할 수 있다. 채용은 더 이상 똑똑한 사람을 뽑는 것이 아니다. AI를 활용해 더 강한 조직으로 진화할 수 있는 사람들을 모으고, 그들이 성장하는 구조를 만드는 것이다.

기술의 발전 속도는 날이 갈수록 빨라지고 끊임없이 변화하지만, 결국 그 기술을 제대로 이해하고 주도적으로 활용하는 개인과 조직의 고유한 역량은 그보다 훨씬 더 강력하고 오래 지속된다. 아무리 뛰어난 AI가 등장하더라도 그것을 비즈니스 맥락에 맞게 해석하고 적용하는 것은 온전히 사람의 몫이기 때문이다.

새로운 도구가 등장할 때마다 맹목적으로 휩쓸리지 않는 것, 도구의 본질을 파악하고 비즈니스 목적에 맞게 통제할 수 있는 내실을 다지는 것이 무엇보다 중요하다. AI 시대에 진정한 비즈니스 경쟁력을 확보하고 시장을 선도하는 힘은 단순히 최신 기술을 빠르게 도입하는 것에서 끝나는 것이 아니라 변화를 유연하게 수용하고 사람과 기술의 시너지를 극대화할 수 있는 조직 자체의 단단한 철학과 구조에서부터 시작된다.

03

직급이 사라지고
역할만 남는다

이제는 신입 사원 시절부터 조직장이 되는 법을 고민해야 하는 시대가 되었다. 사회에 첫발을 내디딘 주니어라 할지라도 입사와 동시에 AI 에이전트라는 강력한 보조 역량을 활용할 수 있게 되었기 때문이다. 현재 비즈니스 환경은 실무자 개인이 과거 관리자급의 성과를 내고, 팀장 한 명이 부서 전체의 업무를 감당할 수 있을 만큼 변화했다. 유능한 개인 한 명이 AI와 결합하여 다수 인원의 몫을 해내는 슈퍼 인디비주얼 Super Individual 의 시대를 열었다.

전 세계 기업의 상당수가 AI를 도입했다는 통계 수치는 실질적인 활용도와 차이가 있을 수 있다. 대다수 기업은 AI 유료 계정을 배포하는 수준에 그치고 있으며, 구체적인 활용 방안에 대해서는 구성원 각자의 판단에 맡기고 있는 실정이다. 이로 인해 직원들은 AI가 작성한 초안을 다시 수동으로 수정하며 시간을 낭비하는 등 비효율적인 업무 방식을 반복하기도 한다. 결국 진정한 경쟁력은 도구의 도입 여부가 아니라 조직 문화와 일하는 방식을 근본적으로 혁신하는 데서 결정된다.

조직 구성원들이 AI를 단순한 학습 대상이나 번거로운 도구로 여기는지, 혹은 언제든 협업이 가능한 동료로 인식하는지가 핵심이다. 이러한 질문에 조직이 어떤 태도로 응답하고 문화를 형성하느냐에 따라 기업의 생존과 지속 가능성이 판가름 날 것이다.

직원들이 단순 노동자에서 전문 컨설턴트가 되다

전통적인 피라미드형 조직 구조의 종말은 피할 수 없는 현실이 되었다. 의사 결정이 상층부에서 하층부로 전달되는 수직적 구조는 AI가 가져온 정보의 속도와 효율성을 수용하기에 너무 느리고 비효율적인 모델로 전락했기 때문이다. BCG의 실험 결과에 따르면, AI는 하위 숙련자의 업무 품질을 약 40%가량 끌어올리며 연차에 따른 실력 격차를 빠르게 좁히고 있다. 이러한 실력의 평탄화 현상은 조직 내 중간 관리자의 존재 이유를 근본적으로 뒤흔들고 있다.

과거 중간 관리자의 주요 업무였던 단순 정보 취합, 일정 배분, 보고서 교정 등은 이제 AI 협업 도구가 실시간으로 처리한다. 도제식으로 신입 사원을 뽑아서 상사가 업무를 가르치고, 상급자가 하급자의 문서를 일일이 검토하고 수정하던 시대는 지나갔으며, 관리자에게 남은 본질적인 역할은 AI가 도출한 결과물에 대한 최종적인 판단과 그 결과에 대한 책임뿐이다. 이에 따라 직무의 정의 또한 수직적인 직함 중심에서 명확한 미션 중심으로 재편되어야 한다. 직급이라는 명칭 뒤에 숨는 것이 아니라 각자 해결해야 할 비즈니스 임무 자체가 곧 조직 내 정체성이 되는 것이다.

이러한 변화에서 마케팅 담당자는 AI가 분석한 데이터에서 고객의 문제를 정의하는 성장 전략가가 되어야 하고, 인사 담당자는 AI가 서류를 검토하는 동안 지원자에게 조직의 고유한 문화를 전파하는 경험 설계자가 되어야 한다. 개발 리더 역시 AI가 코드를 생성하는 동안 서비스의 기술적 비전과 구조를 설계하는 아키텍트로서의 역할에 집중해야 한다. 직무의 성격이 관리에서 창의와 설계로 이동하는 셈이다.

미국의 트랙터 회사 서플라이는 이러한 조직 혁신의 사례를 잘 보여 준다. 매장 직원들은 AI의 도움을 받아 단순한 재고 관리자에서 벗어나 고객의 토양 상태까지 분석하고 치방하는 전문 컨설턴트로 직무의 가치가 격상되었다. AI 시대의 조직 혁신은 구성원을 단순 노동자로 남겨 두지 않고 AI의 지원을 바탕으로 고차원적인 의사 결정을 내리는 능동적인 판단 주체로 진화시키는 데 목적이 있다.

지금 조직 문화를 바꾸지 않으면 벌어질 3가지 재앙

조직 문화를 바꾸는 과정은 고통스럽지만 변화를 거부했을 때 치러야 할 대가는 더욱 치명적이다. 준비되지 않은 조직이 성급하게 AI를 도입할 경우 기술 혁신이 아닌 조직의 붕괴를 마주하게 된다. 만약 지금 조직 문화를 개선하지 않는다면 여러 가지 심각한 부작용이 발생할 수 있다.

더욱 빠르게 반복되는 유능한 인재의 이탈

과거의 이직이 주로 번아웃 때문이었다면 AI 시대의 이직은 업무 효능감의 상실에서 비롯된다. AI를 활용해 압도적인 퍼포먼스를 내는 직원이 있음에도 조직의 평가 시스템이 여전히 야근 시간 등 정성적인 지표에 머물러 있다면 인재는 실망할 수밖에 없다. 혁신적인 아이디어를 AI로 시각화해 제안해도 상사가 기존 방식만을 고집하며 묵살한다면 유능한 인원들은 자신의 가치를 인정받을 수 있는 곳으로 즉시 떠나게 된다. 퇴사는 지능순이라는 말이 괜히 나온 말이 아니다. 결국 조직에는 변화를 거부하는 인력만 남게 되며 이는 조직 전체 지능의 퇴보로 이어진다.

폭증하는 본질 없는 회의

AI가 실질적인 업무 시간을 단축해 주었음에도 오히려 회의가 늘어나는 역설적인 상황이 발생한다. 역할이 모호해진 관리자들이 자신의 존재 가치를 증명하기 위해 불필요한 검토 회의를 끊임없이 소집하기 때문이다. AI가 생성한 문구의 미세한 톤을 나 같이 검토하거나 성과 보고를 위한 회의를 반복하는 등 책임 회피를 위한 대화가 하루 종일 이어지며 실질적인 생산성을 저하시킨다.

마비되는 의사 결정

방대한 데이터로 인해 의사 결정이 오히려 느려지는 분석 마비 현상이 나타난다. AI는 실시간으로 엄청난 양의 정보를 쏟아내지만 조직의 결정 프로세스가 과거의 주 단위, 월 단위 보고 체계에 머물러 있다면 데이터는 가치를 잃는다. 실무자는 AI 데이터를 포장하는 보고서 작성에 시간을 허비하고 임원은 방대한 정보량에 지쳐 결국 과거의 직관에만 의존해 결정을 내리게 된다. 데이터가 전략적 판단으로 연결되지 못하고 정체되면서 조직의 기동력은 완전히 상실된다.

많은 리더가 AI 교육을 하거나 구호를 외치는 것만으로 문화가 바뀔 것이라 착각한다. 하지만 조직 문화는 선언이 아닌 습관의 총합이다. 구성원들이 매일 AI와 상호 작용하며 일하는 방식 그 자체가 진짜 조직 문화가 된다. AI 기술 도입은 자본만 있다면 가능한 쉬운 일이지만 일하는 방식을 설계하고 사고방식을 바꾸는 것은 리더의 처절한 자기반성과 혁신 없이는 불가능하다. 조직이 AI라는 강력한 엔진을 달고 도약할지 혹은 그 무게를 견디지 못하고 침몰할지는 지금 리더가 내리는 사소한 결정들에 달려 있다.

AI 네이티브 조직의
5가지 절대 원칙

AI 도입은 기술이 아닌 조직 문화의 문제임을 확인했다. 그렇다면 구체적으로 어떤 문화를 심어야 하는가? 단순히 'AI를 적극적으로 활용하자'는 식의 구호는 공허하다. 생존을 넘어 시장을 장악하는 스타트업들은 다음의 5가지 원칙을 조직 문화의 근간으로 삼고 있다. 이 원칙들은 톱니바퀴처럼 맞물려 조직을 AI 네이티브로 진화시킨다.

실패를 데이터로 바꾸는 조직

실패 비용을 데이터 구매 비용으로 처리하는 실험 문화가 필요하다. 진정한 실험 문화는 실패를 용인하는 수준을 넘어 실패를 시스템화하는 것이다. 많은 조직이 실패를 두려워하는 이유는 그것이 인사고과에 부정적인 영향을 주기 때문이다. 이를 타파하려면 실패 사례를 정교하게 문서화하여 공유할 때 오히려 높은 가점을 주는 평가 시스템이 뒷받침되어야 한다. 실패는 손실이 아니라 우리 고객이 무엇을 싫어하고 AI 프롬프트의 어떤 변수가 잘못되었는지 알려 주는 가장 값비싼 유료 데이터이기 때문이다. 이러한 안전장치가 있을 때 직원들은 비로소 AI라는 야생마를 두려움 없이 타기 시작한다.

속도로 움직이는 조직

완벽함보다 속도를 중시하는 문화가 정착되어야 한다. AI 기술은 매주 업데이트되므로 1년 단위의 장기 계획은 수립하는 순간 이미 유물이 된다. 이제 조직의 시계는 1주 단위의 스프린트로 돌아가야 한다. 완벽을 추구하며 많은 시간을 들이는것보다 80% 정도 완성된 결과물을 빠르게 내놓고, AI가 수집한 실시간 피드백을 반영해 수정하는 것이 훨씬 정확하다. 의사 결정 역시 24시간 룰을 도입해 지연을 방지해야 한다. 감에 의존한 끝없는 논쟁 대신 AI 대시보드가 보여 주는 실시간 ROI와 데이터를 보고 그 자리에서 의사 결정하는 속도감이 조직의 생존을 결정한다.

정보가 막히지 않고 흐르는 조직

정보의 독점을 깨고 투명성을 강화해야 한다. 과거에는 정보가 권력이었다. 그러나 AI 시대에 부서 간 정보의 칸막이는 혁신을 가로막는 장애물일 뿐이다. AI는 데이터를 먹고 자라기에 정보가 투명하게 흐르지 않으면 반쪽짜리 지능에 머물 수밖에 없다. 민감한 경영 정보나 매출 데이터를 전사 대시보드에 공개하여 모든 직원이 CEO와 동일한 정보 수준을 갖게 해야 한다. 또한 숙련된 리더가 사용하는 고도의 프롬프트를 신입 사원도 볼 수 있게 자산화할 때 조직 전체의 역량이 상향 평준화된다.

학습이 놀이가 되는 조직

학습이 공부가 아니라 놀이가 되도록 유도해야 한다. 강제적인 AI 교육은 오히려 저항을 부를 수 있다. 대신 업무 시간 중 일부를 AI로 다른 시도를 수 있는 시간으로 공식적으로 보장하여, 업무와 무관하게 소설을 쓰든 이미지를 만들든 도구와 친해지는 경험을 제공해야 한다. 이 과정에서 익힌 프롬프트 엔지니어링 능력이 결정적인 순간 업무 혁신으로 이어진다. 나아가 주니어가 임원에게 최신 AI 툴 사용법을 전수하는 역멘토링을 도입하고, AI 활용 능력을 승진 조건에 포함시키는 등 학습이 보상으로 이어지는 명확한 시그널을 주어야 한다.

AI가 아니라 사람이 책임지는 조직

결정은 AI가 돕더라도 책임은 사람이 지는 문화를 확립해야 한다.

AI는 환각 현상을 일으킬 수 있는 존재임을 인정해야 하며, 따라서 AI를 핑계로 뒤에 숨는 직원이 아닌 그 제안을 검토하고 최종 책임을 지는 리더의 역할이 더욱 중요해진다. 핵심 의사 결정 과정에 반드시 사람이 개입하는 루프 위의 인간 시스템을 구축하고 최종 승인자의 실명을 명시해야 한다. 이는 AI를 불신하는 것이 아니다. AI의 결과물에 사람의 윤리적 판단과 전략적 책임을 더해 고객의 신뢰를 확보하는 마지막 안전장치다.

06

기술이 할 수 없는 그것을 하라!
7가지 핵심 역량

AI가 코딩을 하고, 디자인을 뽑아내고, 마케팅 문구까지 대신 써 주는 세상이 되었다. 상황이 이렇다 보니 창업사의 역할이 줄어들 것이라 말하는 이들도 있다. 하지만 천만의 말씀이다. 창업자의 역할은 축소된 것이 아니라 오히려 더 높은 차원으로 승격되었다. 과거의 창업자가 벽돌을 한 장 한 장 쌓아 올리는 기능공의 역할에 충실했다면, AI 시대의 창업자는 제품의 설계도를 그리고 자원을 적재적소에 배치하는 건축가이자 지휘자여야 한다. AI는 효율성을 극한으로 끌어올리지만, 그 효율이 실제 사업의 성과로 연결되는지 정하는 것은 오직 사람의 몫이기 때문이다. AI가 모든 답을 내놓는 시대일수록 올바른 질문을 던질 줄 아는 창업자만이 살아남는다.

여기, AI가 결코 대체할 수 없는, 그래서 창업자가 더욱 날카롭게 갈고 닦아야 할 7가지 핵심 역량을 제시한다.

'어떻게'가 아니라 '왜'를 묻는 문제 정의

AI는 주어진 문제를 푸는 데는 천재적인 재능을 발휘하지만, 도대체 어떤 문제를 풀어야 하는가를 스스로 결정하지는 못한다. AI는 인간의 고통을 공감하거나 느낄 수 없기 때문이다. 고객이 겪는 미묘한 불편함, 그 감정의 결핍, 시장의 비합리적인 빈틈을 포착해 내는 것은 오직 사람의 본능과 통찰력만이 할 수 있는 영역이다.

우리에게 필요한 핵심 역량은 이제 코딩 기술이 아니다. 현상의 이면을 꿰뚫어 보고 맥락을 파악해 문제의 본질을 정의하는 능력이다. 클라우드 AI 컨택센터 플랫폼 기업 페르소나AI의 성공을 보라. 그들이 단순히 뛰어난 AI 기술을 보유하고 있기 때문에 성공한 것이 아니다. 그들은 기존 챗봇들이 한국어의 특수성 때문에 대응을 잘 못하는 부분에서 고객의 고통의 실체를 정확히 파악하고 해결했기 때문에 성공했다. AI가 답을 내놓기 전에 당신은 시장이 절실히 원하는 질문부터 찾아내야 한다.

구조를 설계하는 AI 오케스트레이션

이제는 무엇을 할 줄 아느냐보다 어떤 AI에게 어떤 일을 시킬 줄 아느냐가 훨씬 중요하다. 모든 문제를 거대 언어 모델로만 풀려는 시도는 닭 잡는 데 소 잡는 칼을 쓰는 격이다. 진정한 AI 리터러시는 단순히 프롬프트 몇 줄 잘 쓰는 테크닉이 아니다. 우리 비즈니스의 밸류체인 전체를 조망하고, 어디에 클라우드 AI를 붙이고 어디에 온디바이스 AI를 심을지, 어떤 업무를 AI 에이전트에게 위임할지 결정하는 설계 지능이다. 당근마켓이 적정 기술을 도입해 운영 효율을 극대화했듯, 창업자는 수많은 AI 도구를 조율해 최적의 화음을 만들어 내는 지휘자가 되어야 한다. '기술적인 부분은 개발자가 알아서 하겠지'라는 안일한 태도는 버려라. AI 아키텍처를 깊이 이해하고 리딩하는 것이야말로 이 시대 CEO의 제1덕목이다.

사라진 점들을 연결해 선을 만드는 창의적 통합

스티브 잡스는 창의성이란 단지 사물들을 연결하는 것이라 했다. AI는 기존 데이터 안에서 패턴을 찾아내는 데 능하지만, 데이터 너머의 전혀 다른 개념들을 충돌시켜 새로운 가치를 창조하는 것은 인간의 전유물이다. AI는 가장 확률 높은 다음 단어를 예측할 뿐이지만, 창업자는 가장 말도 안 되는 상상을 현실로 밀어붙인다. 서로 관련 없어 보이는 기술과 시장, 예술과 비즈니스를 융합해 독창적인 오리지널리티를 창조하라. AI가 찍어 내는 수만 개의 뻔한 콘텐츠 속에서 결국 빛을 발하는 것은 인간의 고유한 경험과 엉뚱한 상상력이 결합된 결과물뿐이다.

신뢰를 파는 고차원적 세일즈와 협상

단순한 콜드 메일을 보내거나 견적서를 작성하는 일은 이제 AI가 더 잘한다. 하지만 수십억 원의 자금이 오가는 B2B 계약을 체결하고, 회사의 운명을 가를 투자를 유치하며, 핵심 인재를 영입하는 결정적인 순간에는 반드시 사람이 필요하다. 비즈니스의 정점은 결국 신뢰다. 상대방의 미묘한 표정 변화를 읽고 감정적 교감을 나누며, 내가 책임지겠다는 말 한마디로 상대의 마음을 움직이는 것은 AI가 흉내 낼 수 없는 영역이다. 기술이 고도화될수록 사람의 온기가 담긴 교감과 진정성 있는 설득의 가치는 더욱 높아진다. 단순한 정보 전달이나 판매 업무는 AI에게 맡기고, 사람은 협상을 매듭짓는 딜 클로징Deal Closing이라는 고도의 전략적 영역에 집중해야 한다.

사람을 이끄는 리더십과 조직 문화 구축

AI 에이전트가 업무의 80%를 처리한다 해도, 결국 그 시스템을 운용하고 최종 책임을 지는 주체는 사람이다. 특히 원격 근무와 AI 협업이 일상화된 환경에서 팀원들을 하나의 목표로 정렬시키는 구심점 역할이 그 어느 때보다 중요해졌다. AI는 지시하면 수행할 뿐이지만, 인간은 동기 부여가 되어야만 비로소 움직인다. 실패에 좌절한 팀원을 일으켜 세우고 비전을 공유하며 가슴 뛰게 만드는 공감 리더십이야말로 AI 시대의 가장 강력한 해자가 된다.

기술의 방향타를 결정하는 윤리와 철학

책임 있는 AI Responsible AI는 생존의 필수 조건이다. 전 세계적으로 규제의 장벽이 높아지는 상황이다. AI의 결과물이 편향되지는 않았는지 혹은 고객 데이터가 유출될 위험은 없는지 판단하는 도덕적 나침반이 반드시 필요하다. AI의 환각 현상을 솔직하게 인정하고 검증 프로세스를 구축하는 것은 기술의 문제가 아니라 리더의 철학 문제다. 창업자가 확고한 윤리적 기준을 세우지 않는다면 AI라는 강력한 엔진은 회사를 낭떠러지로 몰고 가는 흉기가 될 수도 있다.

실패를 딛고 다시 일어서는 회복 탄력성

AI는 오류가 발생하면 멈추거나 종료되지만, 창업자는 실패해도 다시 시작해야한다. 스타트업의 여정은 거절과 불확실성의 연속이나. 이 비합리적인 고통을 견디고 실패를 학습의 재료로 삼아 결국 해내는 근성은 오직 인간만이 가진 위대한 특성이다. 모든 데이터가 실패를 가리키는 절망적인 상황에서도 성공할 수 있다는 믿음 하나로 판을 뒤집는 힘, 즉 회복탄력성이야말로 인간이 AI보다 우월할 수 있는 가장 결정적인 이유다. AI는 오직 과거의 학습된 데이터를 바탕으로 확률적인 계산을 수행할 뿐이지만, 사람은 데이터 너머의 가능성을 바라보고 불가능해 보이는 상황에서도 다시 일어설 수 있는 의지를 지니고 있기 때문이다. 결국 비즈니스에서 마주하는 수많은 난관을 돌파하고 예상을 뛰어넘는 결과를 만들어 내는 창의적인 도전은 오롯이 인간의 영역으로 남는다.

결론적으로 창업자는 기술만 잘 아는 사람이 아니다. AI라는 도구로 문제를 해결하는 혁신가이자, 전체 판을 조율하는 지휘자이며, 사람의 마음을 움직이는 협상가이자, 끝까지 포기하지 않는 개척자여야 한다. 변화를 두려워하며 관망하는 자는 AI에게 대체될 것이나, 이 7가지 역량을 무기 삼아 변화를 주도하는 자는 AI라는 거인의 어깨 위에 올라타 전례 없는 성장을 만들어 낼 것이다. 이제 스스로에게 물어야 한다.

당신은 AI를 지배하는 창업자인가, 아니면 AI에게 지배당하는 관리자인가?

07

AI 시대의 리더와 인재는 무엇이 다른가

스타트업이 성공하기 위해 갖춰야 할 조건들을 나열해 보자. 시대를 앞서가는 혁신적인 아이디어, 경쟁사가 넘볼 수 없는 초격차 기술력, 수익을 창출하는 탄탄한 비즈니스 모델, 시장을 뒤흔들 마케팅과 영업 능력, 그리고 적절한 타이밍에 꽂히는 투자금까지. 심지어 운이라는 하늘의 도움도 필요하다.

이 모든 조건은 어느 것 하나 소홀히 할 수 없다. 하나라도 부족하면 생존을 위협받고, 투자자들의 외면을 받으며, 우리가 아는 '성공한 유니콘'의 꿈은 물거품이 된다. 하지만 냉정하게 현실을 보자. 갓 시작한 초기 스타트업이 이 모든 것을 완벽하게 갖추고 시작할 수는 없다. 리소스는 부족하고 시간은 촉박하다. 그렇다면 우리는 '선택과 집중'을 해야 한다.

수많은 성공 요인 중 단 하나만 선택해야 한다면 무엇을 골라야 할까? 나는 1초의 망설임도 없이 단연코 '팀 빌딩 Team Building'이라고 말할 것이다. 아이디어는 바뀔 수 있고, 기술은 따라잡힐 수 있으며, 돈은 떨어질 수 있다. 하지만 그 모든 위기를 극복하고 상황을 반전시키는 것은 결국 '사람들'이기 때문이다.

그만큼 검증된 팀, 합이 맞는 팀의 가치는 돈으로 환산할 수 없다. 비즈니스 모델은 시장 상황에 따라 언제든 바뀔 수 있지만, 단단한 팀워크와 실행력은 변하지 않는 자산이기 때문이다.

AI를 이해하면서 인간다움을 잃지 않는 힘

AI 시대가 요구하는 리더와 인재의 정의는 최신 기술에 얼마나 정통하느냐의 문제를 넘어섰다.

진정한 리더는 기술의 화려함 뒤에 숨겨진 전략적 본질을 꿰뚫어 보고, 조직과 산업이 나아갈 변화의 방향을 예측하는 비전가여야 한다. 특히 AI 도입 과정에서 필연적으로 마주하게 될 윤리적 편향이나 개인 정보 보호와 같은 민감한 이슈들을 회피하지 않고, 이를 비즈니스의 핵심 리스크로 관리해 내는 능력이 리더의 역량을 결정한다. 무엇보다 중요한 것은 구성원의 마음을 다독이는 변화 관리자로서의 역할이다. 기술이 인간을 대체할지도 모른다는 직원들의 불안감을 성장의 에너지로 치환하고, 실패를 두려워하지 않는 실험과 학습의 문화를 일궈내는 것이 AI와 인간이 공존하는 최적의 생태계를 만드는 리더의 소명이다.

성공적인 협업 모델의 핵심은 AI를 단순한 도구가 아닌 팀의 동료로 대우하는 인식의 전환에 있다. AI가 가진 계산적 정밀함과 인간이 가진 직관적 창의성을 정교하게 결합하여, 인간이 더 본질적이고 전략적인 과업에 집중할 수 있도록 조직의 역할을 완전히 재설계해야 한다. AI와 인간 사이의 유기적인 피드백 루프가 원활하게 작동할 때, 조직의 성과는 개별 지능의 합을 넘어 폭발적인 시너지를 창출하게 된다.

미래의 인재상은 기술의 숙련도와 인간성의 깊이 사이의 균형점에서 결정된다. 모든 구성원이 AI 도구를 익숙하게 다루는 AI 리터러시를 기본 소양으로 갖추되 기계가 흉내 낼 수 없는 리더십과 감성 지능을 자신만의 무기로 갈고닦아야 한다. 끊임없이 스스로를 업 스킬링 Up-skilling하고 책임감 있는 AI 활용을 조직의 철학으로 내면화하는 인재만이 변화의 파도 위에서 혁신의 가속도를 붙일 수 있다.

AI가 사람의 일자리를 일방적으로 빼앗지는 않겠지만, AI를 효과적으로 다루는 사람이 그렇지 못한 사람을 대체하는 시대가 이미 도래했다는 점은 명확하다. 미래의 노동 시장은 기술적 이해도와 문제 해결 능력, 그리고 인간적 통찰력을 고루 갖춘 하이브리드 인재들이 주도하게 될 것이다.

결국 중요한 것은 도구 자체가 아니다. 그 도구를 바라보는 사고방식과 조직의 문화다. AI를 인간의 잠재력을 증폭시키는 지능의 지렛

대로 받아들이고 활용하는 조직만이 냉혹한 시장 경쟁에서 최후의 승자로 남게 될 것이다.

5장

사업,
AI로
돈이 되다

AI를 활용한 비즈니스 모델 구축 및
사업 계획서 작성

혁신의 낭만은 끝났다, 이제 계산기를 들어라

지난 몇 년이 AI의 신기함에 환호하며 막연한 가능성에 베팅하던 낭만의 시대였다면, 이제는 차갑고 냉정한 청구서가 날아오는 현실의 시대가 도래했다. 세계 최고의 기술력을 자랑하는 오픈AI조차 2025년 한 해에만 135억 달러에 달하는 천문학적인 적자를 기록했다는 소식은 우리 창업자들에게 매우 무겁고도 명확한 시그널을 던진다. 이는 곧 아무리 압도적인 기술을 보유한 기업이라 할지라도, 그것을 지속 가능한 돈 버는 사업으로 전환하는 일은 완전히 별개의 문제라는 사실을 방증한다. 빅테크 기업들조차 감당하기 힘든 GPU 인프라 비용과 전력 요금의 파도 속에서 이제 막 돛을 올린 스타트업이 '일단 사용자가 모이면 어떻게든 수익 모델이 생기겠지'라는 안일한 생각으로 시장에 뛰어드는 것은 브레이크 없는 차를 타고 낭떠러지로 향하는 자살 행위나 다름없다.

이제 AI는 더 이상 '혁신의 상징'이라는 이름표만으로 프리미엄을 누릴 수 없다. 철저하게 ROI를 숫자로 증명해 내야 하는 냉혹한 비즈니스의 도구가 된 것이다. 투자자들은 더 이상 화려한 데모 영상에 속지 않는다. 신기한 기능을 넘어 실제 매출을 창출하고 비용 구조를 통제할 수 있는 지속 가능한 비즈니스 모델을 설계하지 못한다면 스케일업이나 투자는 커녕 생존 자체를 위협받을 것이다. 벤처 캐피털 시장의 자금 흐름이 기술력 중심에서 단위 경제성의 건전성으로 급격히 이동하고 있다는 최신 지표들을 주목해야 한다.

AI 스타트업이 망하는 가장 흔한 이유

이 생존의 기로에서 창업자가 가장 먼저 버려야 할 고정 관념은 AI 비즈니스가 한계 비용이 제로에 가까운 전형적인 디지털 소프트웨어 산업이라는 인식이다. 과거의 앱이나 웹 서비스는 가입자 수가 1만 명에서 100만 명으로 급증하더라도 서버 비용이 그에 비례하여 폭발적으로 증가하지는 않는 구조였다. 그러나 생성형 AI는 이와 본질적으로 궤를 달리한다. 사용자가 프롬프트 하나를 입력할 때마다 막대한 연산량이 소모되며, GPU의 지속적인 가동에 따른 전기료와 토큰 비용이 실시간으로 발생하기 때문이다.

이러한 특성을 고려할 때 AI 비즈니스는 가벼운 소프트웨어 산업이라기보다 원재료비와 공정 비용이 명확히 존재하는 전통적 제조업의 관점으로 접근해야 비로소 그 본질을 정확히 파악할 수 있다. 서비스 규모가 커질수록 투입되는 자원 비용 역시 정직하게 상승하는 구조이기에 수익 모델 설계 단계에서부터 제조 원가 관리와 같은 정밀한 비용 통제 역량이 수반되어야 한다. 결국 AI 시대의 지속 가능한 성장은 기술적 화려함뿐만 아니라 비용 구조의 특성을 이해하고 효율적인 자원 배분을 실행하는 경영자의 현실적인 감각에 의해 결정된다.

결국 AI 스타트업의 비즈니스 모델 설계는 객단가ARPU와 변동비 Variable Cost 사이의 치열한 수싸움이 될 수밖에 없다. 챗GPT의 API를 가져와 겉포장만 바꾼 소위 래핑Wrapping 서비스들이 속절없이 무너지는 이유도 여기에 있다. 사용자가 서비스를 많이 쓰면 쓸수록 구독료 수익보다 API 호출 비용이 더 가파르게 상승하는 역설적인 상황에 직면하기 때문이다. 비록 거대 언어 모델의 공급 가격이 조금씩 내려가는 추세라 하더라도 안심해서는 안 된다. 기술이 평준화될수록 고객의 눈높이는 한없이 높아지며, 챗봇 수준의 기능에는 더 이상 지갑을 열지 않기 때문이다. 우리는 이제 단순히 제품의 기능을 파는 장사꾼이 아니라 고객이 겪고 있는 고통스러운 문제를 해결해 주는, 압도적인 가치를 제안하는 해결사가 되어야 한다. 그리고 그 가치의 크기는 반드시 우리의 운영 비용을 넉넉히 상회하는 수준으로 설계되어야만 한다.

고객은 어떤 서비스에
지갑을 여는가?

AI 비즈니스 모델의 설계도를 그릴 때 가장 먼저 고려해야 할 방식은 여전히 가장 강력하고 현실적인 수익화 방안인 구독형 SaaS 모델이다. 챗GPT나 깃허브 코파일럿 같은 빅테크 기업들이 당장의 적자에도 버틸 수 있는 힘은 매달 정기적으로 통장에 꽂히는 안정적인 현금 흐름에 있다. 여기서 창업자가 놓치지 말아야 할 본질은 단순히 월 9,900원이라는 가격표를 붙인다고 해서 고객이 지갑을 열지는 않는다는 사실이다. 고객이 기꺼이 비용을 지불하는 지점은 화려한 AI 기술 그 자체가 아니라 그 기술을 통해 물리적으로 절약된 시간, 비용, 리소스에 있기 때문이다.

성공적인 구독 모델을 안착시키려면 무료와 유료의 경계를 아주 전략적이고 치밀하게 설계해야 한다. 무료 버전에서는 '세상에, 이런 게 가능해?'라는 감탄, 즉 와우 모먼트를 선사하여 고객을 유인하되 실제 비즈니스 현장에서 반드시 필요한 핵심 기능인 대용량 파일 분석, 팀 단위 협업 툴, 혹은 고속 처리 기능 등은 철저히 유료 벽Paywall 뒤에 배치해야 한다.

특히 B2B 세일즈의 전장에 나설 때는 '우리 AI가 똑똑합니다'라는 추상적인 말 대신 '이 툴을 도입하면 직원 한 명이 세 명분의 몫을 해내므로 월 300만 원의 인건비를 아낄 수 있습니다. 그런데 구독료는 단돈 5만 원입니다'라고 숫자로 증명해 보여야 한다. 고객이 얻을 이익이 지불할 비용보다 압도적으로 크다는 것을 숫자로 보여 줘야 닫혀 있던 고객의 지갑이 비로소 열린다.

돈이 되는 AI 비즈니스 모델

한 단계 더 나아가, 가트너가 핵심 트렌드로 꼽은 에이전틱 AI는 스타트업에게 가장 비옥한 기회의 땅이다. 기존의 챗봇이 제주도 비행기 표를 찾아 달라는 요청에 단순히 검색 결과 링크만 던져 줬다면, AI 에이전트는 사용자의 일정표를 확인하고 최저가를 검색한 뒤 예약과 결제까지 일사천리로 끝내 버린다. 즉 이제 우리는 말이 아니라 행동을 상품으로 파는 시대에 진입한 것이다.

이 모델의 수익 구조는 소프트웨어 사용료를 받는 수준을 넘어선다. 사용자의 번거로운 업무를 완벽히 대행해 주는 대가로 중개 수수료Commission를 받거나 거래 건당 과금Pay-per-use을 하는 등 훨씬 다채로운 BM 설계가 가능하다. 여기서 스타트업이 승리할 수 있는 전략은 영화 〈아이언맨〉의 자비스 같은 범용 에이전트가 아니라 특정 직무를 깊게 파고드는 버티컬 에이전트산업 특화 에이전트를 선점하는 것이다. 세무 신고를 전담하는 AI 세무사나 광고 집행을 알아서 최적화하는 AI 마케터처럼 좁지만 깊은 영역에서 확실한 결과를 내놓는다면 고객은 기꺼이 높은 비용을 지불한다.

스타트업은 대기업이나 빅테크 기업들이 쉽게 침범할 수 없는 성역인 산업 특화 모델에 주목해야 한다. 오픈AI나 구글이 아무리 천문학적인 자금을 쏟아부어도 인터넷에 공개되지 않은 폐쇄적인 산업 데이터까지는 손에 넣을 수 없다. 의료 현장의 임상 데이터, 법률 판례, 물류 현장의 실시간 동선, 제조 공정의 수치 등은 그 자체로 강력한 진입 장벽이자 해자가 된다.

물류 분야에서 AI 경로 최적화로 이윤율을 2%에서 4%로 단 2%포인트만 끌어올려도 그 가치는 부르는 게 값이 된다. 수천 페이지의 판례를 분석해 변호사의 리서치 시간을 70% 단축해 주는 모델은 저가 경쟁을 할 필요조차 없다. 이런 B2B 시장의 핵심은 얼마나 저렴하냐가 아니라 얼마나 정확하고 신뢰할 수 있느냐이기 때문이다. 따라서 영리한 스타트업이라면 자체 LLM 개발에 시간과 비용을 쓰는 대신 해당 산업의 원천 데이터를 확보하기 위한 파트너십에 사활을 걸고 이를 미세 조정하는 데 집중해야 한다. 데이터가 곧 현금이 되는 시대이기 때문이다.

최근 보안 이슈와 맞물려 급부상하는 온디바이스On-Device AI 역시 놓칠 수 없는 카드다. 기업 입장에서는 민감한 내부 데이터를 클라우드로 보내는 것 자체가 보안상의 커다란 리스크다. 스마트폰이나 노트북 내부에서 데이터가 밖으로 새 나가지 않고 돌아가는 온디바이스 AI 환경은 보안을 최우선으로 하는 고객에게 최고의 세일즈 포인트가 된다. 스타트업이 하드웨어를 직접 만들 수는 없겠지만, 온디바이스 환경에 최적화된 경량화 모델sLLM과 킬러 앱을 개발하는 것은 충분히 승산이 있는 게임이다.

인터넷 연결 없이도 완벽한 통역을 지원하거나 사용자의 필기를 실시간으로 요약해 주는 서비스는 서버 비용이 거의 들지 않아 수익성 측면에서도 매우 매력적이다. '당신의 데이터는 당신의 기기 밖으로 단 1바이트도 나가지 않습니다'라는 강력한 보안 약속은 그 자체로 고유한 상품 가치를 지닌다.

결론적으로, AI 비즈니스의 성패를 가르는 것은 화려하고 현란한 기술이 아니다. 결국 비즈니스의 기초 체력인 단위 경제성이다. 고객 한 명을 획득하는 비용CAC보다 그 고객이 우리 서비스에 머물며 평생 가져다줄 가치LTV가 더 커야 한다는 지극히 평범한 상식이 역설적으로 이 첨단 AI 시대에 가장 절실한 생존 공식이 되었다.

화려한 데모 영상이 주는 착시에 취하지 말고 스스로에게 냉정하게 물어야 한다.

'내가 만든 서비스의 토큰 원가를 1원 단위까지 장악하고 있는가?'

'대기업이 유사한 기능을 무료로 배포하더라도 고객이 우리 곁을 떠나지 않을 독보적인 락인Lock-in 요소가 있는가?'

이 질문들에 명확한 답을 내놓을 수 없다면 그 사업은 모래성일 뿐이다. 그러나 이 치밀한 계산기 끝에 확실한 숫자가 찍힌다면 주저하지 말고 몰입해야 한다. AI는 여전히 그리고 앞으로도 우리 세대에서 가장 빠르고 막대한 부를 창출할 수 있는 압도적인 기회의 고속도로이기 때문이다.

03

합격하는 사업 계획서, AI와 함께하는 7단계 전략

사업 계획서를 쓰는 과정은 창업자의 막연한 환상을 숫자와 데이터를 활용해 시장의 언어로 번역하는 작업이다. AI는 이 고통스러운 번역 과정을 획기적으로 단축해 주는 인류 역사상 가장 강력한 파트너가 되었다. 하지만 이 강력한 도구를 잘못 활용하면 오히려 데이터의 늪에 빠져 본질을 잃거나 화려하기만 한 디지털 쓰레기를 양산할 위험도 크다. 실전에서 승리하는 사업 계획서를 만들기 위해 AI를 어떻게 활용해야 하는지 그 단계별 전략을 실전 사례와 함께 정리해 보자.

시장 분석: 검색은 퍼플렉시티, 논리는 챗GPT

시장 분석의 핵심은 데이터의 신뢰성을 확보하는 데 있다. 많은 창업자가 범하는 치명적인 오류 중 하나는 최신 시장 규모를 확인하기 위해 무작정 챗GPT에 의존하는 것이다. 챗GPT는 실시간 정보 추적보다는 학습된 데이터를 바탕으로 문장을 생성하는 데 특화되어 있어 자칫 몇 년 전의 낡은 지표를 제공하거나 존재하지 않는 보고서를 지어내는 환각 Hallucination 현상을 일으킬 위험이 크다.

따라서 시장 분석 단계에서는 퍼플렉시티나 라이너 Liner 같은 실시간 검색 특화 AI를 전략적으로 활용해야 한다. 예를 들어 '10년 경력의 시장 조사 전문가'라는 페르소나를 부여한 뒤 특정 산업의 국내 시장 규모와 연평균 성장률, 그리고 시장의 세분화된 범위를 추산 근거 및 신뢰할 수 있는 기관의 출처와 함께 조사하도록 명령하는 방식이다. 이러한 검색 엔진형 AI는 통계청, 산업연구원, 혹은 글로벌 조사 기관의 구체적인 출처 링크를 포함한 팩트 중심의 결과물을 신속하게 가져온다.

이렇게 확보된 검증된 데이터를 챗GPT나 클로드에 전달하여 논리적인 문장으로 정교하게 다듬고, 해당 수치가 우리 사업과 어떤 연관성을 갖는지 해석하게 하는 것이 가장 완벽한 협업 모델이다. 그러나 AI가 제시한 수치와 출처는 반드시 창업자가 원문 리포트를 직접 대조하며 확인하는 과정을 거쳐야 한다. 이러한 철저한 검증 과정을 거쳐야만 투자 심사역의 날카로운 질문에도 당황하지 않고 확신에 찬 답변을 내놓으며 사업의 타당성을 입증할 수 있다.

고객 분석: 가상의 페르소나와 끝장 인터뷰

사업 계획서의 타깃 설정에서 흔히 저지르는 실수는 30대 여성이나 40대 남성처럼 고객을 지나치게 넓고 추상적인 집단으로 정의하는 것이다. 그러나 투자자와 시장은 막연한 대중이 아니라 특정 상황에서 구체적인 고통을 절실하게 느끼는 실존적 개인에게 주목한다. 따라서 AI를 활용해 가상의 페르소나를 정교하게 설계하고 이들과 심층 인터뷰를 시뮬레이션하는 과정이 반드시 필요하다.

스마트 홈 카메라를 개발하는 팀의 사례를 살펴보면 그 차이가 명확해진다. 반려동물을 키우는 1인 가구라고 정의하는 대신 구체적인 정체성을 부여한다.

"AI에게 마포구 오피스텔에 거주하며 푸들을 키우는 35세 직장인."

주 3회 이상의 야근으로 인해 홀로 남겨진 반려견에게 극심한 죄책감을 느끼는 심리적 상태까지 설정한 뒤 제품에 대해 가질 수 있는 냉소적인 불만을 요구하는 방식이다. AI는 사생활 침해에 대한 우려나 퇴근 후 피로한 상태에서 겪는 복잡한 기기 설정의 번거로움 등 실제 사용자가 느낄 법한 생생한 불편함을 구체적으로 제시한다.

이렇게 AI를 통해 도출된 가설은 실제 시장 조사에서 강력한 무기가 된다. AI 페르소나가 예측한 불안 요소들을 바탕으로 실제 타깃 고객 10명을 선정해 심층 인터뷰를 진행해 보면 데이터 기반의 가설과 실제 현장의 목소리가 일치하는 지점을 발견하게 된다. 이러한 과정을 거친 고객 분석은 단순한 통계 자료 이상의 진정성을 갖게 되며, 창업자가 시장을 얼마나 깊이 있게 이해하고 있는지를 증명하는 독보적인 설득력을 얻게 된다. 결국 AI는 보이지 않는 고객의 마음을 미리 읽어 내어 사업의 방향성을 날카롭게 다듬어 주는 최고의 전략적 조언자 역할을 수행한다.

경쟁사 분석: 가치의 충돌을 증명하라

경쟁사 분석 장표에서 자사 항목에는 모든 긍정적인 표기(O)를 하고 경쟁사는 부정적인 표기(X)로 도배하는 방식은 시장을 입체적으로 파악하지 못하고 있음을 방증할 뿐이다. 투자 심사역이나 시장은 기능의 개수가 더 많은지를 보는 것이 아니다. 경쟁사 대비 어떠한 차별화된 가치를 제공하며 시장의 판도를 바꿀 수 있는지를 확인하고 싶어 한다.

이 단계에서는 AI에게 전략 컨설턴트의 페르소나를 부여하여 분석의 깊이를 더해야 한다. 단순히 직접적인 경쟁 관계에 있는 기업뿐만 아니라 고객의 시간과 예산을 점유하는 간접 경쟁사까지 분석 범위에 포함해야 한다. AI를 통해 각 경쟁사의 가격 정책, 주요 마케팅 채널, 핵심 강점, 그리고 치명적인 약점을 파고들어 자사가 점유할 수 있는 독보적인 차별화 포인트를 도출한다.

예를 들어 특정 경쟁사가 강력한 기능을 보유하고 있지만 인터페이스가 투박하여 특정 연령층의 접근성이 낮다는 분석 결과가 나왔다면, 이를 증명하기 위해 해당 앱 스토어의 최근 리뷰 수백 건을 수집하여 AI로 다시 분석시킨다.

"AI가 분석한 경쟁사의 UX 약점을 실제 사용자 불만 데이터 1,200건을 통해 교차 검증하여 당사의 인터페이스 설계 및 접근성 강화 전략에 반영함."

이러한 논리적 근거는 사업 계획서의 전문성을 비약적으로 격상시킨다. 결국 경쟁사 분석은 단순한 비교가 아니라 데이터에 기반하여 경쟁사가 해결하지 못한 고객의 고통을 자사가 어떻게 완벽히 해결할 것인지를 선포하는 과정이 되어야 한다.

비즈니스 모델: 수익의 견고한 엔진을 설계하라

'언제부터 어떻게 이익을 창출할 것인가?'

이 질문은 창업자가 마주하는 가장 까다로운 과제다. 이 단계에서는 AI를 비즈니스 모델 전문가로 소환하여 수익 구조의 타당성을 검증해야 한다. 수익 창출 방법을 묻는 수준을 넘어 현재 비즈니스 아이템에 적용 가능한 구독형, 수수료형, 데이터 판매형 등 다양한 수익 모델을 제안받고 초기, 성장기, 안정기별로 변화하는 수익 모델 믹스 Mix 시나리오를 설계하도록 요청해야 한다.

특히 고객 한 명을 얻기 위해 들어가는 비용 CAC과 그 고객이 우리에게 가져다줄 가치 LTV의 추정치를 AI와 논의하며 수익 구조를 구체화하는 과정이 핵심이다. LTV가 CAC보다 3배 이상 높게 형성되는 이른바 '골든 크로스 지점'이 15개월 차에 도달할 것이라는 구체적인 시뮬레이션 결과를 사업 계획서에 제시할 수 있어야 한다.

AI는 방대한 데이터를 바탕으로 수많은 경우의 수를 계산하여 수익 구조를 해부해 주지만, 제안된 모델 중 현재 팀의 자원과 기술적 성숙도로 즉시 실행 가능한 최선의 조합을 선별하는 것은 전적으로 창업자의 의사 결정 역량에 달려 있다. AI가 정교한 설계도를 그려 주는 파트너라면 최종적으로 어떤 엔진을 장착하고 시장을 질주할지 결정하는 것은 운전석에 앉은 리더의 몫이다.

마케팅 전략: 뜬구름 잡는 대신 정밀한 액션 플랜을 제시하라

사업 계획서의 마케팅 전략 항목에 단순히 유튜브나 인스타그램 광고, SNS 채널 활성화와 같은 포괄적인 단어만 나열하는 것은 전문성과 성의 부족만 드러낸다. 투자자는 구체적인 유입 채널과 예상 숫자가 담긴 전술적 액션 플랜을 원한다. 이 단계에서는 AI 그로스 해커에게 특정 예산 범위 내에서 목표 고객을 확보하기 위한 주 단위 실행 계획을 요청하여 전략의 밀도를 높여야 한다.

채널 선정을 넘어 채널별 예산 배분 비중, 클릭당 비용 CPC, 구체적인 콘텐츠 주제, 예상 전환율 CVR, 그리고 집중해야 할 핵심 KPI 목표

치까지 데이터 기반으로 산출한다. 예를 들어 전체 예산의 40%를 검색 광고에 집중하고 예상 CVR을 2.5%로 설정하여, 최종적인 '고객 획득 비용을 2만 원 이내로 방어하겠다'는 식의 구체적인 수치가 사업 계획서에 포함되어야 한다.

AI가 제안한 전략 중 가장 현실성 있는 방안을 선별하여 실제 주간 단위 업무 캘린더와 예상 지출 계획서에 명시하는 작업이 마케팅 계획의 완성이다. 투자자에게는 막연한 계획이 아닌 당장 내일부터 집행 가능한 수준의 세밀한 실행 의지를 보여 주어야 한다. 결국 마케팅 전략의 성패는 제한된 자원으로 목표한 성과를 낼 수 있음을 수치로 증명해 내는 논리에 달려 있다.

재무 계획: AI를 가장 강하게 의심해야 할 최후의 보루

재무 계획 단계에서 AI는 가장 유용하면서도 동시에 가장 위험한 파트너가 될 수 있다. AI는 본질적으로 언어의 확률적 구조를 다루는 모델이지 정밀한 수학 전용 계산기가 아니므로 기초적인 연산에서도 치명적인 오류를 범할 가능성이 있기 때문이다. 따라서 이 구간에서 AI는 수치를 계산하는 도구가 아니라 재무 구조의 빈틈을 찾아내는 항목 체크리스트 용도로만 사용해야 한다.

스타트업 재무 전문가의 페르소나를 AI에 부여한 뒤 향후 5년 치 추정 손익 계산서에 포함되어야 할 비용 항목을 빠짐없이 도출하도록 요청한다. 이를 통해 서버 유지비나 API 호출 비용 같은 직접비를 포함해 결제 수수료, 보안 서버 인증비, 예비비 등 창업자가 자칫 놓치기 쉬운 세부 고정비와 변동비 리스트를 꼼꼼하게 확보할 수 있다.

재무 항목의 뼈대가 갖춰진 후 실제 숫자를 채워 넣는 과정은 반드시 창업자가 직접 엑셀을 활용해 수행해야 한다. 유사 업종의 실제 임대료 시세를 파악하고, 최신 개발자 평균 연봉 데이터를 확인하며, 실제 서버 견적서를 받아 보는 현장의 실측 데이터만이 재무 계획의 신뢰도를 결정하기 때문이다. AI가 제시한 논리적 구조 위에 리더가 직접 발로 뛰어 얻은 현실적인 수치를 입힐 때 비로소 투자자를 설득할 수 있는 견고한 재무 전략이 완성된다.

최종 검토: 악마의 심사역을 소환하여 매를 맞으라

사업 계획서 작성이 끝났다고 안심하는 순간이 가장 위험하다. 제출 버튼을 누르기 전, 반드시 거쳐야 할 마지막 관문은 AI에게 가혹한 투자 심사를 맡겨 스스로의 논리를 점검하는 과정이다. 이름하여 악마의 심사역 전략이다. 투자 심사역은 당신의 꿈을 응원하는 사람이기보다 당신의 사업이 왜 망할 수밖에 없는지 그 이유를 찾아내려는 사람에 가깝다는 사실을 잊지 말아야 한다.

먼저 AI에게 아주 명확하고 구체적인 페르소나를 부여하라. 이렇게 요청하는 식이다.

"너는 지금부터 정부지원사업의 선정권과 수십억 원의 투자금을 쥐고 있는, 세상에서 가장 까칠하고 보수적인 투자 심사역이다. 내가 쓴 사업 계획서 전체를 낱낱이 분석해서 논리적인 모순, 근거가 부족한 주장, 숫자의 치명적인 오류를 독하게 지적해 줘. 특히 수익 모델의 실현 가능성과 경쟁사가 따라올 수 없는 진입 장벽Moat에 대해 날카로운 태클을 걸어 봐."

이 과정은 일종의 가상 매질이다. 심사 위원이 가질 법한 의구심을 미리 매 맞고 수정하는 것만으로도 합격률은 비약적으로 상승한다. AI는 인간 동료가 미안해서 차마 말하지 못하는 지점들을 가차 없이 짚어 낸다. 예를 들어 '시행착오 기간이 비현실적으로 짧게 잡혀 있어 실행력이 의심된다'라거나 '경쟁사 대비 기술적 해자가 모호하여 대기업이 진입하면 3개월 안에 고사할 위험이 크다'는 식의 객관적이고 뼈아픈 피드백을 던진다.

창업자는 장인 정신이 있어 자신이 만든 아이템과 사랑에 빠지기 쉽고, 그 사랑은 종종 객관적인 판단력을 흐리게 만든다. AI라는 차가운 지성을 통해 내 사업의 빈틈을 미리 발견하는 것은 패배를 막는 가장 저렴하고 빠른 방법이다. AI가 지적한 약점들에 대해 완벽한 방어 논리를 세우거나 사업 구조를 보완했을 때, 당신의 사업 계획서는 비로소 전쟁터로 나갈 준비를 마친 강력한 무기가 된다.

다만 AI는 비즈니스 논리를 정교하게 다듬어 줄 수는 있지만 비즈니스 자체를 대신해 줄 수 없다. AI의 힘을 빌려 남들보다 10배 빠르게 달리되 그 방향을 결정하고 실행하고 마지막 책임을 지는 것은 언제나 창업자 자신의 몫이다. 창업자만의 뜨거운 열정과 AI의 차가운 데이터가 만나야 그 사업 계획서는 비로소 투자자의 마음을 움직일 수 있다.

04

IR Deck이라는
비즈니스 드라마

IR Deck은 정보 전달용 문서를 넘어 투자자의 뇌리에 잔상을 남기는 한 편의 비즈니스 드라마가 되어야 한다. 투자 심사역들은 하루에도 수십 개의 IR Deck을 검토하기 때문에 슬라이드 한 장당 평균 3~5초만 할애한다. 초반 30초 안에 그들의 시선을 낚아채지 못한다면 아무리 화려한 기술력과 비전을 갖추었더라도 휴지통으로 직행하게 된다. 따라서 IR Deck은 창업자의 통찰력과 AI라는 유능한 조연출을 결합하여 이 드라마의 완성도를 극한으로 끌어올려야 한다.

투자자를 끌어당기는 스토리를 만든다

가장 먼저 선행되어야 할 작업은 전체적인 스토리라인의 설계다.

챗GPT나 클로드에게 단순히 목차를 짜 달라고 하기보다 구체적인 서사적 조건을 부여하는 것이 핵심이다. 이러한 주문을 해야 한다.

"수백억 원 이상의 펀드를 운용하는 글로벌 VC 심사역의 관점에서, 첫 장에서 호기심을 느끼고 중간에서 무릎을 치며 마지막에 이 팀이어야 한다는 확신을 갖도록 기승전결이 살아 있는 서사를 구성해 줘."

투자는 차가운 논리로 설득하고 뜨거운 감정으로 결정하는 과정임을 잊지 말아야 하며, AI를 통해 이 서사의 흐름이 매끄럽게 연결되는지 끊임없이 점검해야 한다.

첫 장에서 시선을 낚아챈다

각 슬라이드별로 AI를 활용하는 기법 역시 매우 디테일해야 한다. 커버 슬라이드는 15단어 안팎으로 승부하는 가장 중요한 페이지다. 타깃 고객의 고통과 명쾌한 솔루션을 한 문장에 녹여낸 카피를 AI로부터 10가지 이상의 버전으로 제안받고, 그중 가장 시장 지배력이 느껴지는 문구를 선택해야 한다.

고객의 문제와 해결 장면을 보여 준다

이어지는 문제와 솔루션 장표에서는 구구절절한 설명 대신 드라마

틱한 시나리오를 활용한다.

"고객이 겪는 고통스러운 상황을 세 가지 장면으로 묘사하고, 우리 솔루션이 투입되었을 때 그 고통이 어떻게 해결되는지 대조해 줘."

AI에게 이렇게 요청하여 기술 명세서가 아닌 그 기술이 바꿀 세상의 풍경을 시각적으로 묘사해야 한다.

투자자가 흥분할 시장을 그린다

시장 규모Market 슬라이드에서는 투자자의 심박수를 높이는 작업이 필요하다. 현재의 파이를 보여 주는 것에 그치지 말고, 퍼플렉시티 같은 실시간 검색 AI를 활용해 최신 데이터를 수집해야 한다. 이 문제가 해결되었을 때 새롭게 창출될 잠재적 시장까지 포함한 TAM-SAM-SOM을 정교하게 그려 내야 한다. 비즈니스 모델 또한 초등학생도 고개를 끄덕일 만큼 명확해야 하므로 누가, 무엇을, 얼마에 사는지 한눈에 들어오는 인포그래픽용 텍스트로 정리하고, AI와 함께 각 수익원별 마진율과 확장성을 시뮬레이션하여 논리적 근거를 보여 줘야 한다.

우리의 성장이 가설이 아님을 증명한다

트랙션Traction 슬라이드는 창업자의 비전이 단순한 가설이 아님을 증명하는 강력한 근거들의 집합이어야 한다. 단순히 매출 성장세나 유저 보유율을 시간 순서대로 나열하는 것에 그치지 않고, 업계 평균이나 주요 경쟁사와의 비교를 통해 자사가 얼마나 압도적인 제이커 브J-Curve를 그리며 가파르게 성장하고 있는지를 전략적으로 설명해야 한다. 또한 AI와 함께 데이터를 시각화하는 최적의 로직을 설계하고, 어떤 지표를 강조했을 때 투자자가 우리 팀의 실행력을 가장 높게 평가할지 전략적으로 판단해야 한다. 투자자는 이 장표를 통해 팀이 설정한 가설이 시장에서 실제로 작동하고 있는지, 그리고 그 성장이 지속 가능한지를 판단한다.

AI로 완성도를 끌어올린다

비즈니스의 뼈대가 갖춰졌다면 디자인에 지나치게 많은 에너지를 낭비할 필요는 없다. 감마Gamma나 젠스파크Genspark 같은 AI 프레젠테이션 도구를 활용하면 텍스트만으로도 숙련된 디자이너의 손길이 닿은 듯한 슬라이드를 단시간에 완성할 수 있다. 여기에 캔바Canva 매직 스튜디오를 곁들여 차트와 이미지를 세련되게 다듬는다면 시각적인 완성도는 충분히 확보된다. 텍스트보다 강한 것은 시각적 잔상이다. AI가 생성한 고퀄리티 이미지는 창업자가 꿈꾸는 미래의 비즈니스 현장을 투자자에게 선명하게 투영하는 매개체가 된다.

결국 AI 시대의 IR Deck은 검증의 예술이다. AI는 창업자가 수 주 동안 매달려야 할 작업을 단 몇 시간으로 압축해 준다. 이로 인해 확보된 시간은 결코 휴식을 위한 것이 아니다. 그렇게 아낀 시간은 결과물을 들고 현장에서 발로 뛰며 고객을 만나고, 잠재 투자자의 피드백을 직접 받으며 내용을 보완하는 데 투자해야 하는 골든타임이다. AI가 만든 70점짜리 초안을 90점 이상의 완벽한 결과물로 끌어올리는 마지막 디테일은 결코 기술이 대신해 줄 수 없다.

그 마지막 영역은 오직 창업자의 날카로운 통찰과 현장에서 배어나온 경험, 그리고 사업을 반드시 성공시키겠다는 뜨거운 열정으로만 채울 수 있다. AI를 영리한 조연출로 활용하되 그 중심에는 창업자만의 확신을 심어야 한다. 데이터와 논리라는 차가운 이성에 리더의 투지라는 뜨거운 영혼이 결합될 때 IR Deck은 투자자의 마음을 움직이고 지갑을 열 수 있는 유일하고도 압도적인 해법이 될 것이다.

05

정부지원사업 합격률을 높이는
AI 활용법

정부 지원용 사업 계획서는 일반적인 투자 유치용 IR Deck과는 결을 달리해 전략적으로 접근해야 한다. 정부가 예비 창업자부터 TIPS 단계에 이르기까지 막대한 예산을 투입하는 이유는 혁신 성장을 통한 경제 활성화, 양질의 일자리 창출, 사회적 가치 실현, 그리고 민간 투자의 마중물 역할을 기대하기 때문이다. 따라서 정부 지원용 사업 계획서는 창업자의 막연한 아이디어를 이러한 정책 목적에 부합하도록 시장의 언어와 심사 위원의 언어로 치밀하게 번역해야 한다.

심사 위원은 미사여구보다 데이터에 기반한 실현 가능성을 중점적으로 평가한다. 이때 AI를 활용해 정책 보도자료를 분석하면 해당 사업이 국가 전략 기술 분야와 어떻게 맞물리는지 논리적으로 연결할 수 있고, PSST^{문제 해결-실행 방안-성장 전략-팀 구성} 양식에 맞춰 문제의 심각

성과 해결책의 독창성을 날카롭게 다듬을 수 있다.

또한 AI는 예산 편성 규정을 준수하면서도 효율적인 자금 배분안을 제시하며, 고용 창출 계획이나 ESG 경영 실천 방안 같은 공공성 지표를 구체화하는 데 도움을 준다. 결국 정부지원사업의 성패는 창업자의 아이디어가 국가와 사회에 미칠 임팩트를 얼마나 논리적이고 수치화된 언어로 증명하느냐에 달려 있다. AI가 제공하는 구조화된 논리에 창업자의 현장 경험과 실현 의지를 결합할 때 비로소 심사 위원의 확신을 이끌어 내고 사업 자금을 확보하는 결정적인 발판을 마련할 수 있다.

사업의 정체성을 보여 준다

일반 현황 및 개요 단계에서는 평가위원이 사업의 핵심을 30초 내에 파악할 수 있도록 단 한 장으로 승부수를 던져야 한다. AI에게 아이템의 기술적 특징을 입력하면 '○○기술이 적용된 ○○ 기능의 제품'이라는 공공 기관의 가이드에 부합하면서도 시장성이 돋보이는 명칭을 제안받을 수 있다. 예를 들어, '스마트 팜 솔루션' 대신 '생성형 AI 기반 이상 징후 예측 기술이 적용된 고부가가치 작물 최적 생장 제어 서비스'와 같이 산출물의 형태와 혜택이 명확히 드러나도록 명칭을 다듬어야 한다.

한 장으로 사업 전체를 설득한다

요약 페이지는 창업 아이템의 소개부터 문제 인식, 실현 가능성, 성장 전략, 팀 구성까지 전 과정을 한눈에 보여 주어야 한다. 따라서 모든 본문 작성이 끝난 후 AI에게 전체 내용을 분석하게 하여 논리적으로 압축 기재하는 것이 전략적이다. 이 요약본은 단순한 줄이기가 아니라 전체 사업 계획서의 논리 구조를 집약한 지도 역할을 하면 평가 위원이 본문을 읽기 전 사업의 성공 가능성에 대해 긍정적인 예단력을 갖게 만드는 결정적인 장치가 된다.

문제의 심각성을 데이터로 증명한다

문제 인식 항목에서는 주관적인 추측을 배제하고 객관적인 팩트와 최신 통계로 심사 위원을 압도해야 한다. 퍼플렉시티와 같은 실시간 검색 AI를 활용해 최신 산업 리포트를 수집하고, 국내외 시장 현황과 구체적인 고충을 수치화하는 과정이 필수적이다.

가령 "최근 1인 가구 증가로 인해 반려동물 분리불안 문제가 심각하다"같이 막연하게 서술하지 마라. 수치가 기반이 되어야 하며 구체적 근거를 AI와 함께 도출해야 한다.

"농림축산식품부 통계에 따르면 반려동물 보유 가구 중 분리불안 호소 비중이 전년 대비 18% 증가했으며, 이로 인한 파손 및 소음 분쟁 시장 규모가 연간 000억 원에 달한다."

이러한 접근이 국가적, 사회적으로 시급히 해결해야 할 과제임을 입증하며, 개발의 필요성을 강력하게 뒷받침하는 결정적인 논거가 된다.

실행 능력을 보여 준다

실현 가능성 부분은 아이디어를 실제 제품이나 서비스로 구현할 수 있는 구체적인 실행 능력을 증명하는 구간이다. 창업자는 AI를 활용해 전체 사업 기간의 추진 일정을 필수 인력 채용, 디자인, 시제품 제작 등 단계별로 세밀하게 나누어 배치함으로써 계획의 치밀함을 보여주어야 한다. 또한 경쟁사 대비 자사 아이템만이 가진 기능적 차별성과 기술적 해자를 논리적으로 설계하여 시장 내 생존 가능성을 입증해야 한다.

특히 최대 1억 원 규모의 사업비 집행 계획을 수립할 때는 AI에게 비목별 필수 항목을 리스트업하게 하여 누락을 방지하되 실제 금액 산정만큼은 창업자가 직접 수행해야 한다. 정부지원사업비를 총 사업비의 70% 이하로 구성하고 민간 부담금의 현금과 현물 비중을 정확히 맞추는 등 행정적 가이드라인을 준수하는 정밀한 검증 작업이 수반되어야 재무적 오류로 인한 탈락을 막을 수 있다.

이 사업이 어떻게 성장할지 증명한다

성장 전략 단계는 비즈니스의 생존 가능성과 지속적인 확장성을 증명하는 매우 중요한 지점이다. 창업자는 AI를 비즈니스 전략 전문가로 소환하여 구독료, 수수료, 데이터 판매 등 다각화된 수익화 모델을 제안받고, 목표 시장 진입을 위한 구체적인 단계별 마케팅 로드맵을 수립해야 한다. 단순히 매출을 올리겠다는 선언에 그치지 않고, 고객 획득 비용CAC 대비 고객 생애 가치LTV가 우상향하는 지점을 수치로 제시하는 정교함이 필요하다.

사회적 가치와 정책 목표를 연결한다

또한 최근 정부지원사업에서 필수 평가 항목으로 자리 잡은 ESG환경, 사회, 지배 구조 경영 요소를 결코 간과해서는 안 된다. AI를 활용해 자사 사업이 폐기물 배출 감소 등 환경 보호에 기여하거나, 지역사회와의 상생 및 투명 경영을 실천하는 구체적인 방안을 도출하여 사업 계획서에 명시해야 한다. 이러한 ESG 요소는 단순한 구호에 머물지 않고 전체 사업 로드맵과 유기적으로 연결되어야만 진정성을 인정받고 높은 점수를 확보할 수 있다.

이 팀이 사업을 완성할 수 있음을 증명한다

마지막으로 팀 구성 항목은 제안서의 신뢰도를 높이도록 작성해야 한다. 대표자의 경영 능력과 기술력뿐만 아니라 팀원들이 보유한 역량이 창업 아이템을 실제로 완성할 수 있는 수준임을 명확히 기술해야 한다. AI를 활용해 각 팀원의 학력과 경력을 성과 창출 관점에서 매력적으로 정리하되 개인 정보가 유추되지 않도록 대학명이나 직장명은 반드시 마스킹 처리해야 한다.

또한 내부 인력의 한계를 보완하기 위해 협력 기관과의 구체적인 협업 방안을 제시하여 실행력을 보완해야 한다. 사업 계획서 작성이 끝난 후에는 AI를 까다로운 심사 위원으로 설정해 전체 논리 구조의 허점을 검토받고 보완하는 과정을 거쳐야 한다. 탄탄한 기술적 근거와 시장의 실질적인 수요가 맞물려 사업의 진정성을 입증할 때, 비로소 정부 지원의 명분을 확보하는 완성도 높은 결과물이 탄생한다. 여러분들이 지금 작성하고 있는 사업 계획서가 정부 지원의 목적 ^{일자리} ^{창출, 혁신 성장 등}과 부합하는지 다시 한번 확인해 보자.

앞서 언급한 바와 같이 정부 지원용 사업 계획서나 IR Deck을 작성할 때 가장 흔히 범하는 실수는 마케팅 전략을 인스타그램, 유튜브 광고나 인플루언서 활용과 같은 매체의 나열로 갈음하는 것이다. 심사위원과 투자자는 창업자가 '누구에게 어떤 채널로 얼마의 비용을 들여 어떤 지표를 만들어 낼 것인가'라는 구체적인 성장 전략을 확인하고자 한다. 마케팅은 철저한 데이터 기반의 과학이며, AI는 이 복잡한 퍼즐을 가장 빠르게 풀어내 실현 가능성을 증명하는 핵심적인 조연출 역할을 수행한다.

성공적인 작성을 위해 가장 먼저 선행되어야 할 것은 AI를 그로스 해커로 활용하는 일이다. 사업 계획서의 성장 전략 항목은 비즈니스의 생존과 확장을 증명하는 핵심 지점이므로 단순히 광고를 하겠다는 선언보다 정교한 액션 플랜이 담겨야 한다. AI에게 구체적인 페르소나를 부여하여 타깃 고객의 페인 포인트를 파고드는 콘텐츠 주제를 도출하고, 채널별 예산 배분비, 예상 전환율CVR, 클릭당 비용CPC 목표치를 포함한 실행 계획을 설계해야 한다.

※사업 신청 시, 사업 계획서 작성 목차 페이지는 삭제하고 제출

초기창업패키지 창업기업 사업계획서 작성 목차(안)

항목	세부 항목
□일반 현황	창업 아이템명, 산출물, 대표자 및 팀원 등 일반 현황
□개요(요약)	창업 아이템 소개, 문제 인식, 실현 가능성, 성장 전략, 팀 구성 등

1. 문제 인식	**1. 창업 아이템의 필요성** -창업 아이템의 국내외 시장 현황 및 문제점 -문제 해결을 위한 창업 아이템의 개발 필요성 등
2. 실현 가능성	**2. 창업 아이템의 개발 계획** -아이디어를 제품·서비스로 개발 또는 구체화 계획 -창업 아이템의 차별성 및 경쟁력 확보 전략 -사업비(정부 지원 사업비 및 자기 부담 사업비) 집행 계획
3. 성장 전략	**3. 사업화 추진 전략** -경쟁사 분석, 목표 시장 진입 전략 -창업 아이템의 비즈니스 모델(수익화 모델) -사업 확장을 위한 투자 유치(자금 확보) 전략 -사업 전체 로드맵(일정 등) 및 중장기 사회적 가치 도입 계획
4. 팀 구성	**4. 대표자 및 팀원 구성 계획** -대표자의 보유 역량(개발/구체화/성과 창출 등) -팀원 보유 역량, 업무 파트너 현황 및 활용 방안 등

정부 지원 사업 계획서 양식

6장

마케팅, AI로 매출을 키우다

AI를 활용한 마케팅 자동화 및 성과 관리

01

데이터 분석부터
퍼널 자동화까지

스타트업이 마케팅을 할 때 가장 먼저 경계해야 할 일은 유료 광고로 고객을 확보하겠다는 안일함이다. 시리즈 A 단계 이전의 성급한 광고 집행은 일시적인 트래픽 수치에 매몰되게 만드는 착시 현상과 같아서 비용 투입을 멈추는 순간 지표가 수직 낙하하며 기업의 생존 가용 시간인 런웨이를 급격히 소모시키기 때문이다.

따라서 본격적인 스케일업은 비즈니스 모델의 시장성이 입증된 이후에 해야 한다. 그리고 이때 AI는 단순한 도구가 아니라 운영 효율을 극대화하는 전략적 조력자로 활용해야 한다. 이러한 접근은 창업자의 막연한 아이디어를 현실적인 비즈니스 구조로 구체화하는 정밀한 설계 과정이며, AI는 이 과정에서 가설의 맹점을 찾아내고 사업의 실현 가능성을 수치로 증명하는 역할을 수행한다.

지능형 스케일업 전략

실무 성과를 높이기 위한 첫 번째 단계는 AI를 마케팅 전략 수립의 핵심 파트너로 삼아 데이터 기반의 정교한 액션 플랜을 설계하는 것이다. 단순히 광고를 집행한다는 계획에서 탈피하여 AI에게 구체적인 페르소나를 부여하고 타깃 고객이 직면한 실제 고충을 파고드는 콘텐츠를 도출해야 한다.

예를 들어 반려동물 케어 서비스라면 '반려동물 보유 가구 중 분리 불안 호소 비중 18% 증가'와 같은 최신 통계와 구체적 근거를 AI와 함께 산출하여 마케팅의 타당성을 확보해야 한다. 이러한 데이터는 실행 단계에서 예상 전환율 목표치와 채널별 예산 배분의 객관적 지표가 되어 수익화 모델과 유기적으로 연결된다.

운영 효율 측면에서 마케팅 퍼널 자동화는 최소한의 인원으로 성장을 견인하는 지능형 영업 시스템을 구축하는 과정이다. AI를 통해 타깃별 맞춤형 카피를 대량 생성하고 시각적 콘텐츠로 즉시 변환하는 프로세스를 도입함으로써 팀원은 반복적인 업무에서 벗어나 데이터 분석과 전략 고도화라는 본질적 과업에 집중할 수 있다. 이는 인력 활용 측면에서 기술적 우위를 점하고 있음을 증명하는 지표가 되며, 팀의 역량을 실제 성과로 결집하는 핵심 경쟁력이 된다. 또한 시제품 제작부터 정식 출시까지 이어지는 로드맵 내에 마케팅 실행 단계를 정교하게 배치함으로써 사업의 실현 가능성을 뒷받침할 수 있다.

성과 관리의 본질은 숫자로 증명되는 지표 분석과 지속적인 피드백 구조에 있다. 채널별 고객 획득 비용CAC을 실시간으로 점검하고, 고객 생애 가치LTV가 획득 비용을 상회하는 손익 분기점을 정교하게 시뮬레이션해야 한다. 특히 B2B 영역에서는 타깃 담당자의 이력이나 활동 데이터를 AI로 분석하여 상대의 당면 과제를 관통하는 초개인화된 메시지를 설계함으로써 응답률의 유의미한 격차를 만들어 낼 수 있다. 또한 AI 분석 도구로 사용자 이탈 지점을 파악하고 시나리오별 대응책을 마련하는 과정은 시장 변화에 유연하게 대처하며 성장을 지속하는 밑거름이 된다. 이러한 수치와 로직은 사업 로드맵상에서 자금 조달 전략을 실질적으로 뒷받침하는 지표가 된다.

중장기적으로는 마케팅 성과에 사회적 가치를 결합하여 브랜드 충성도를 강화하고 사업의 지속 가능성을 입증해야 한다. 환경 보호나 사회적 책임 경영 등의 노력이 브랜드 스토리텔링을 통해 마케팅 비용 절감으로 이어지는 인과관계를 AI와 함께 설계하고, 이러한 지표들이 실제 비즈니스의 규모 확장과 어떤 시너지를 내는지 구체적으로 보여 주어야 한다. 마케팅의 궁극적인 지향점은 인위적인 광고 투입 없이도 고객이 고객을 불러오는 선순환 구조를 완성하는 것이다.

결국 비즈니스 성과는 정교한 데이터 분석 위에 창업자의 확고한 통찰과 진정성이 결합될 때 나타난다. AI가 제공하는 수치와 자동화 시스템을 전략적 자산으로 활용하되 그 결과물에는 창업자만의 확신이 담겨 있어야 한다. 제한된 예산 내에서 타깃과 채널, 비용 대비 성과를 결정하는 구체적인 실행 전략이야말로 스타트업의 생존을 결정 짓는 핵심 동력이 된다. 마케팅은 모호한 브랜딩이 아니라 어떤 메시지에 시장이 반응하는지 찾아내는 과학적 실험의 연속이며, AI를 통해 대기업과 대등하게 경쟁하여 승리할 수 있는 기회의 시대임을 명심해야 한다.

AI가 보여 주는
진짜 성과

성과 관리는 경영의 꽃이자 스타트업이 '동아리'에서 '기업'으로 넘어가는 결정적인 관문이다. 그런데 창업자들이 가장 빈번하게 마주하면서도 가장 서툴게 대처하는 업무가 바로 성과 관리 영역이다.

대다수의 리더는 성과 관리라는 과업 앞에서 무기력해지거나 반대로 지나치게 권위적으로 변하곤 한다. 솔직히 말해 지금까지의 성과 관리는 냉정한 진단이라기보다 감시와 기록의 언저리에 머물러 있었다. 연말 평가 시즌이 되면 리더는 1년 전의 구체적인 성과를 잊은 채 최근의 인상이나 본인의 컨디션에 의존해 평가를 내리고, 직원들은 그 평가에서 살아남기 위해 실제 성과와 무관한 방대한 보고서를 쓰느라 귀한 시간을 허비한다. 명확한 기준이나 데이터 없이 팀원들의 열정을 믿는다는 말은 신뢰가 아니라 리더로서의 직무 유기에 가까운 방임이며, 때로는 관리 무능을 가리기 위한 비겁한 방패가 되기도 한다.

AI가 성과 관리의 패러다임을 근본적으로 전환하고 있다. 전통적인 성과 관리는 1년에 한두 번 진행되는 정기 평가와 관리자의 주관적 판단에 의존해 왔다. 하지만 비즈니스 환경이 급격히 변화하면서 이러한 사후 평가 방식은 구성원의 성장을 지원하기보다 심리적 부담을 주고 성과를 왜곡한다는 한계에 직면했다. 이에 따라 AI를 활용하여 성과 관리의 패러다임을 심판에서 상시 코칭으로 전환하려는 시도가 주목받고 있다.

성과 관리는 감시가 아니라 진단이다

"감이 아닌 사실로 일하라"는 말은 리더의 막연한 추측이나 동물적인 감각을 배제하고 객관적인 데이터를 근거로 의사 결정을 하라는 것이다. 측정되지 않은 성과는 관리할 수 없고, 관리되지 않은 성과는 개선할 수 없다. 숫자가 없는 보고는 그저 '열심히 하고 있습니다', '잘 될 것 같습니다'라는 주관적인 주장일 뿐이다.

측정할 수 없다면 현재 상태가 좋은지 나쁜지, 목표에 얼마나 근접했는지 알 수 없다. 그저 '열심히 하고 있다', '잘될 것 같다'는 주관적인 느낌만 남게 된다. 상태를 모르니 개선할 방법도 찾을 수 없다. 어디를 고쳐야 할지 모르기 때문에 전략을 수정하거나 자원을 효율적으로 배분할 수 없게 된다.

AI 기반 성과 관리의 핵심은 실시간 데이터 분석을 통한 객관성과 적시성의 확보에 있다. AI는 업무용 협업 툴이나 프로젝트 관리 시스템에 축적된 방대한 데이터를 분석하여 목표 달성 가능성을 실시간으로 예측한다. 이를 통해 관리자는 프로젝트가 끝난 뒤에 실패 원인을 분석하는 것이 아니라 문제가 발생한 시점에 즉각적인 피드백을 할 수 있다. 또한 AI는 인간이 가질 수 있는 후광 효과나 최근 성과에 치중하는 편향을 배제하고, 동료 간의 협업 빈도나 커뮤니케이션 스타일 등 정성적인 지표까지 데이터화하여 보다 입체적이고 공정한 평가를 지원한다.

나아가 AI는 단순한 평가를 넘어 구성원 개개인의 역량 개발을 돕는 맞춤형 가이드 역할을 한다. 현재의 성과 지표와 조직이 요구하는 미래 역량 사이의 간극을 분석하여 각 직원에게 가장 필요한 교육 프로그램이나 사내 프로젝트를 추천해 준다. 이는 지원이 자신의 커리어 패스를 주도적으로 설계할 수 있게 하며, 조직 차원에서는 적재적소에 인재를 배치하는 전략적 인적 자원 관리를 가능케 한다. 이제 AI는 구성원의 과업 수행 여정을 정밀하게 추적하여 데이터 기반의 객관적 지표를 도출하는 것을 넘어 조직 잔존 가능성이나 퇴사 징후까지 예측하는 수준에 도달했다.

AI를 활용한 성과 관리는 업무 효율을 높이는 수단만이 아니다. 이는 데이터를 통해 조직의 투명성을 높이고, 구성원이 자신의 잠재력을 최대한 발휘할 수 있는 환경을 구축하는 일이다. AI를 통해 성장의 기회를 평등하게 제공하고, 이를 통해 조직 전체의 성과를 극대화하는 것이 AI 성과 관리가 지향해야 할 진정한 가치다.

AI 성과 관리가 성공적으로 안착하려면 감시가 아닌 지원이라는 조직적 공감대가 형성되어야 한다. 데이터 수집 과정에서의 프라이버시 보호와 알고리즘의 투명성이 확보되지 않는다면 구성원의 반발을 살 수 있기 때문이다. 결과적으로 AI는 수치적인 분석과 제안을 담당하고, 리더는 이를 바탕으로 구성원과 깊이 있게 소통하며 정서적 지지와 최종적인 의사 결정을 내리는 하이테크High Tech와 하이터치High Touch의 조화가 필요하다.

물론 기술 도입이 모든 문제를 해결해 주지는 않는다. AI의 진정한 가치는 조직 내부에 잠재된 결핍과 가려진 실체를 가감 없이 투영하는 전략적 거울로서의 역할에 머물기 때문이다. 리더가 이 거울을 투명한 피드백과 성장을 위한 지표로 활용하느냐, 혹은 단편적인 감시 체계로 오용하느냐에 따라 조직은 구성원의 몰입을 저해하는 폐쇄적 공간이 될 수도, 각자의 잠재력을 극대화하는 혁신의 요람이 될 수도 있다.

AI 시대의 성과 관리는 리더의 주관적인 인상 비평에서 탈피하여 데이터에 기반한 객관적 피드백 시스템을 구축하는 과정이 되어야 한다. AI를 점수를 매기는 평가자가 아니라 성과 창출의 병목 구간을 탐색하고 조직의 결핍을 포착하는 진단 솔루션으로 재정의할 때 비로소 구성원과의 생산적인 목표 정렬이 가능해진다. 리더는 신뢰라는 모호한 수사 뒤에 숨어 성과를 방관하기보다 AI가 도출한 실시간 지표를 바탕으로 적시에 필요한 자원을 투입하고 장애물을 제거하는 기민한 조력자가 되어야 한다. 이렇듯 객관적 현상 파악과 인간의 통찰을 결합한 관리 역량이야말로 리더가 갖추어야 할 실전적 태도의 본질이다.

리더의 감과 주관적 편향을 조심하라

성과 관리에서 창업자들이 마주하는 가장 치명적인 함정은 자신의 직관에 대한 확신이다. 내 아이템과 내 판단, 그리고 내가 선발한 인재는 무조건 옳다는 고집은 성과 관리 시스템 내에서 독버섯처럼 피어난다. 과거의 관습에 매몰된 리더의 눈에는 밤늦게까지 사무실을 지키는 직원이 열정적인 인재로 보이고, 당장의 계약 건수가 많은 직원이 에이스로 보이기 마련이다. 그러나 데이터는 잔인할 만큼 다른 진실을 얘기한다. 야근을 일삼는 직원이 실상은 업무 밀도가 낮아 불필요한 야근 식대와 초과근무 수당을 받을 수도 있고, 계약 성과가 높은 직원이 도리어 높은 반품률과 클레임으로 회사에 손해를 끼치고 있을 수도 있다. 인간 리더의 시야는 이 면밀한 수치의 이면을 놓치기 쉽지만, 데이터는 그 진실을 명확히 짚어 낸다.

이러한 맥락에서 AI는 리더의 주관적 편향과 왜곡된 판단을 제거할 수 있는 가장 날카로운 분석 도구다. 우선 목표 설정 단계부터 AI의 조력을 받을 수 있다. 리더의 막연한 욕심에 기반한 주먹구구식 목표 설정에서 벗어나 방대한 벤치마킹 데이터를 보유한 AI 솔루션을 통해 현재의 시장 상황과 가용 자원을 고려한 현실적인 로드맵을 설계해야 한다. 또한 AI는 감정 섞인 변명을 학습하지 않는다. 성과가 저조할 때 흔히 등장하는 핑계 대신 업무 툴에 기록된 로그 데이터를 분석하여 실제 병목 구간이 어디인지 정밀하게 진단한다. 이는 구성원에 대한 감시가 아니라 조직의 환부를 정확히 포착하여 개선의 무대에 올릴 수 있게 해 주는 객관성의 힘이다.

감정적으로 점수 매기는 시대는 갔다

성과 관리의 본질은 결국 공정성에 있으나 인간 리더는 생물학적으로 불공정할 수밖에 없는 존재다. 자신과 성향이 유사한 이에게 후한 점수를 주는 유사성 편향, 최근의 기억에만 의존하는 최신 편향, 그리고 무의식적인 고정 관념에서 자유로운 사람은 없다. 고도화된 AI 솔루션은 리더가 작성한 평가 문구를 실시간으로 스캔하여 이러한 편향성을 즉각 지적한다. 특정 구성원에게 편파적인 뉘앙스를 사용하거나 핵심적인 지표를 누락했을 때 리더에게 경고를 보내는 식이다. 이를 통해 리더는 흐릿한 기억이 아닌 1년간 축적된 명확한 증거를 기반으로 구성원과 건설적인 대화를 시작할 수 있다. AI를 최종 판결자가 아닌 '파트너 코치'로 활용할 때 리더의 주관적 오류는 획기적으로 줄어든다.

초기 스타트업에게 핵심 인재의 이탈은 조직의 존립을 흔드는 중대한 사안이다. 하지만 대다수 창업자는 사직서를 받기 전까지 전조 증상을 감지하지 못하는 경우가 많다. AI는 마음이 떠난 이들이 보내는 미세한 시그널을 종합하여 조기 경보를 보낸다. 소통 빈도의 급감이나 비정상적인 시스템 접속 패턴 등 활동 데이터를 분석하여 퇴사 가능성을 예측하는 것이다. 이는 감시가 아니라 구성원을 보호하기 위한 응급 구조 신호로 보아야 한다. AI의 경고는 직원을 추궁하라는 신호가 아니라 리더가 즉시 달려가 진심 어린 대화를 시작하라는 마지막 기회다. 이 시그널을 방치하는 리더는 환자의 악화를 지켜보기만하는 무능한 의사와 다름없다.

AI는 운전자가 아니라 정교한 내비게이션이다. 기업의 수명이 단축되고 생존 경쟁이 치열해진 현장에서 인적 자원 관리에 실패하는 것은 곧 조직의 붕괴를 의미한다. AI가 고성능 무기를 쥐여 주었을지라도 그것이 리더십이라는 본질적 가치까지 대체할 수는 없다. 데이터를 따뜻한 시선으로 해석하고 구성원과 눈을 맞추며 진솔한 피드백을 나누는 것은 온전히 리더의 몫이다. 내비게이션이 위험을 알릴 때 실제로 브레이크를 밟고 핸들을 꺾어 사고를 면하는 주체는 결국 운전석의 리더여야 한다.

철학 없이 유행처럼 도입하는 기술은 조직 문화를 파괴하는 독이 될 수 있다. 하지만 AI라는 정직한 거울을 통해 자신의 편향을 직시하고, 데이터라는 객관적 근거를 바탕으로 팀원들과 진짜 대화를 시작한다면 조직은 반드시 살아남을 것이다. 변화의 흐름에 능동적으로 몸을 맡기는 리더만이 유니콘의 꿈을 현실로 바꿀 수 있다. 이것이 살벌한 창업 생태계에서 리더가 가슴에 새겨야 할 생존 원칙이다.

데이터로 결정하는 기업만 살아남는다

과거 기업의 의사 결정은 흔히 리더의 풍부한 경험과 직관, 이른바 '촉'과 '감'에 의존하는 경우가 많았다. 하지만 정보의 양이 폭발적으로 증가하고 시장의 변동성이 극대화된 AI 시대에 직관만을 고집하는 것은 위험한 도박과 같다. 이제 데이터는 단순한 참고 자료를 넘어 기업의 생존과 성장을 결정짓는 전략적 선택의 필수 조건이 되었다.

인간의 뇌는 복합적인 변수가 얽힌 대규모 데이터를 실시간으로 치리하는 데 한계가 있다. 아무리 유능한 경영자라도 개인의 편향이나 제한된 경험에 갇히기 쉽다. 반면 AI는 방대한 파라미터를 분석하여 인간이 미처 발견하지 못한 패턴과 상관관계를 찾아낸다. 데이터 기반 의사 결정은 주관적 판단이 개입될 여지를 줄이고 객관적 수치에 근거하여 리스크를 최소화한다. 이는 불확실한 시장 상황에서 의사 결정의 성공 확률을 획기적으로 높이는 토대가 된다.

AI 시대 의사 결정의 가장 큰 특징은 사후 분석에서 사전 예측으로의 진화다. 과거에는 실적 보고서를 통해 지난 실수를 복기하는 데 그쳤다면, 이제는 AI를 활용해 미래의 수요, 고객 이탈률, 시장 흐름을 미리 내다본다. 예를 들어 재고 관리 시스템에 AI를 도입하면 판매 추이를 넘어 날씨, 사회적 트렌드, 경쟁사 동향 등을 종합하여 최적의 발주량을 결정할 수 있다. 이러한 선제적 대응은 기회비용을 줄이고 자원 배분의 효율성을 극대화하여 전략적 우위를 선점하게 한다.

또한 데이터 기반 의사 결정은 거시적인 전략뿐만 아니라 미시적인 고객 경험에서도 강력한 힘을 발휘한다. AI는 개별 고객의 행동 데이터를 분석하여 각기 다른 니즈를 정확히 파악한다. 기업은 이를 바탕으로 모두를 위한 마케팅이 아닌 단 한 사람을 위한 맞춤형 제안을 결정할 수 있다. 이러한 정밀한 타깃팅은 마케팅 비용의 낭비를 막고 고객 충성도를 높이는 수단이 된다. 데이터는 고객이 진정으로 무엇을 원하는지, 어느 시점에 구매 확률이 높은지에 대한 명확한 근거를 제시한다.

물론 최첨단 AI 툴을 도입한다고 해서 의사 결정의 질이 저절로 높아지는 것은 아니다. 데이터 기반 의사 결정이 조직 내에 뿌리내리기 위해서는 구성원 전체의 데이터 문해력이 뒷받침되어야 한다. 데이터가 내포한 의미를 정확히 해석하고 이를 전략적 맥락에 연결할 줄 아는 능력이 필수적이다. 또한 데이터의 품질을 관리하고 알고리즘의 편향성을 경계하는 비판적 사고 역시 중요하다. 결국 데이터는 도구이며, 그 도구를 활용해 올바른 방향을 잡는 최종 주체는 인간이기 때문이다.

결론적으로 AI 시대의 데이터 기반 의사 결정은 선택이 아닌 생존을 위한 필수 전략이다. 방대한 데이터를 자산으로 전환하고, 이를 통해 도출된 통찰력을 즉각적으로 실행에 옮기는 조직만이 가속화되는 변화 속에서 살아남을 수 있다. 리더의 직관은 데이터라는 기초 위에서 발휘될 때 비로소 강력한 무기가 된다. 이제 기업은 무엇을 믿느냐가 아니라 데이터가 무엇을 말하느냐에 집중해야 한다.

AI는 어떻게
산업을 바꾸는가?

산업의 경계가 빠르게 허물어지고 AI가 주요 의사 결정에 깊이 관여하는 지금의 변화는 위기이면서 동시에 새로운 기회이기도 하다. 과거에는 특정 산업의 전문 지식이 가장 큰 자산이었지만, 이제는 그 지식을 AI라는 엔진에 태워 데이터 기반 의사 결정을 얼마나 날카롭게 내릴 수 있느냐가 승패를 가를 수 있다. 이제 AI는 단순한 조수 역할을 넘어 전 산업 분야의 지형을 근본적으로 바꾸며 의사 결정의 방식을 혁신하고 있다.

AI가 진단의 정확도를 다시 쓰다

가장 극적인 변화의 중심지는 헬스케어 분야다. 과거 의료 전문가의 직관과 경험에 의존하던 진단과 치료 계획 수립 프로세스는 이제 AI에 의해 완전히 재정의되고 있다. 환자의 전자의무기록EMR부터 고해상도 의료 영상, 방대한 유전 정보에 이르는 빅데이터를 AI가 정밀하게 분석하면서 숙련된 의사조차 간과하기 쉬운 미세한 패턴과 이상 징후를 식별해 낸다. 나아가 머신러닝 모델은 질병의 발병 가능성을 예측하고 환자 맞춤형 치료 제안을 제공하여 예후를 획기적으로 개선하고 있다. 여기에 실시간 모니터링이 가능한 웨어러블 기기가 결합되며 예방 의학의 수준은 상상 그 이상으로 진화했다.

리스크를 먼저 감지하다

데이터는 넘쳐났으나 정작 쓸 만한 통찰력은 부족했던 금융 서비스 산업 또한 생성형 AI를 만나며 혁신을 거듭하고 있다. 특히 사기 탐지와 위험 관리 영역에서 AI는 금융권의 핵심축으로 부상했다. 실시간으로 쏟아지는 방대한 금융 거래 데이터를 AI가 분석하여 잠재적 리스크를 사전에 예측하고 즉각적인 통찰력을 제공하기 때문이다. 덕분에 금융 기관들은 시장의 변동성이나 금융 사고에 대해 사후 처리가 아닌, 강력한 선제적 대응 체계를 갖추게 되었다.

고객의 마음을 먼저 읽다

소매 및 전자 상거래 시장에서는 고객 경험의 초개인화가 생존의 키워드가 되었다. AI 스타일리스트 같은 고도화된 솔루션은 제품 정보와 프로모션 데이터를 고객의 취향과 결합하여 온오프라인을 넘나드는 일관된 추천을 제공한다. 이는 단순히 물건을 파는 것을 넘어 고객의 마음을 읽어 내는 기술이며, 동시에 재고 최적화와 수요 예측의 정확도를 비약적으로 높여 기업의 이익 구조를 개선하는 핵심 전략이 된다.

공장이 멈추기 전에 고장을 찾다

제조업 현장 역시 예측 유지 보수Predictive Maintenance라는 새로운 패러다임이 생산성을 극대화하고 있다. 기계의 센서 데이터를 AI로 실시간 분석하여 고장 가능성을 미리 감지하고 적시에 수리함으로써 공장이 멈추는 다운타임을 획기적으로 줄이는 것이다. 이는 고가 장비의 수명을 연장하고 불필요한 비용 낭비를 막아 주는, 제조업 리더들에게는 놓칠 수 없는 강력한 무기다.

마케팅의 낭비를 없애다

마지막으로 마케팅 및 영업 분야에서 AI는 시시각각 변하는 고객의 선호를 탐색하는 나침반 역할을 수행한다. 방대한 고객 데이터를 분석하여 전환 가능성이 높은 진성 리드Lead를 선별해 내고, 영업 팀이 우선순위를 정해 공략할 수 있도록 돕는다. 이제 불특정 다수를 향한 낭비적인 광고 대신 타깃 고객에게 최적화된 초정밀 마케팅을 전개하는 것이 가능해졌다.

비즈니스의 성공은 데이터라는 차가운 이성에 창업자의 뜨거운 확신이 결합될 때 비로소 완성된다. AI가 제공하는 정교한 수치와 전방위적 혁신 사례들을 당신의 비즈니스 모델에 어떻게 이식할 것인지 고민해야 한다.

05

데이터를 읽는
두 번째 두뇌의 능력

비즈니스 현장에서 단순히 방대한 데이터를 보유하는 것은 무의미하다. 핵심은 데이터에서 성과로 연결될 수 있는 맥락을 읽어 내는 통찰력이다. 과거의 데이터 분석이 리더의 개별적인 노동력에 의존한 수동적 작업에 머물렀다면, 이제 AI가 분석 역량을 비약적으로 향상시키는 핵심 동력이자 인간 지능의 실질적인 확장 도구로 기능하고 있다.

시장 정보를 스스로 수집한다

가장 먼저 체감되는 변화는 정보 수집 체계의 자동화다. 시장 조사를 위해 며칠 밤을 새우며 소셜 미디어와 뉴스 매체를 탐색하던 과거와 달리 AI는 수백만 개의 소스에서 실시간 정보를 자동으로 수집하고 분류한다. 창업자는 번거로운 수동 프로세스에서 해방되어 AI가 정제한 포괄적 정보를 바탕으로 고차원적인 전략 수립에만 자원을 집중할 수 있게 되었다.

미래의 시장 움직임을 먼저 예측한다

특히 예측 분석 영역에서 AI의 위력은 독보적이다. AI는 소비자 행동과 시장 트렌드를 인간 전문가보다 정교하게 예측한다. 인간의 인지 능력으로는 식별하기 어려운 복잡한 패턴을 포착하여 미래의 시장 지표를 시뮬레이션함으로써 리더에게 가시성 높은 로드맵을 제공한다. 실제로 유니콘 기업들은 이미 머신러닝을 활용해 고객 행동을 예측하고 가격 전략을 최적화하며, 그 어떤 숙련된 관리자보다 기민하게 재고 및 공급망을 관리하고 있다.

텍스트와 이미지에서 패턴을 찾는다

AI의 또 다른 진가는 비정형 데이터 처리 능력에서 발현된다. 비즈니스 데이터의 상당수는 텍스트, 이미지, 비디오와 같은 무질서한 형태다. 자연어 처리와 컴퓨터 비전 기술은 이러한 비정형 데이터에서 유의미한 통찰을 추출한다. 특히 자연어 처리는 산재한 고객의 피드백을 분석하여 제품 개발과 마케팅에 즉시 투입 가능한 정량화된 수치로 변환해 준다.

리더의 판단 편향을 데이터로 교정한다

무엇보다 리더가 주목해야 할 지점은 AI를 통해 인지 편향을 극복할 수 있다는 사실이다. 인간은 태생적으로 감정적 판단과 편향에서 자유로울 수 없다. 본인이 만든 제품은 무조건 성공할 것이라는 공급자 중심의 사고는 리더를 오판으로 이끄는 위험한 요인이다. AI는 이러한 주관을 걷어 내고 데이터 중심의 분석을 통해 객관적이고 일관된 의사 결정을 지원한다.

시장 변화를 실시간으로 보여 준다

마지막으로 AI는 중단 없는 시장 모니터링을 통해 실시간 통찰력을 제공한다. 급변하는 환경 속에서 기업이 민첩하게 대응할 수 있도록 즉각 피드백 루프를 형성하는 것이다. 객관적인 지표로 입증된 타당성 위에 창업자의 확고한 실행 의지가 결합될 때 비즈니스가 시장 점유율 확대와 수익성 개선이라는 실질적인 성과를 창출할 수 있다.

06

데이터를 읽는
조직 만들기

AI를 활용한 데이터 분석 기술이 조직 내에서 온전히 발휘하기 위해서는 기술 도입에 앞서 구성원 전체가 참여하는 데이터 리터리시 문화를 조성하는 것이 필수다. 이는 분석 도구의 사용법을 익히는 차원을 넘어 데이터를 효과적으로 이해하고 해석하며 이를 실제 업무에 적용할 수 있는 실무적 권한을 부여하는 것을 의미한다. 데이터 중심의 추론을 지향하는 문화는 조직 내 협업을 자연스럽게 유도하고 구성원의 책임성을 강화하며 혁신을 지속시키는 핵심적 토대가 된다.

이를 실현하기 위해 조직은 인적 자원에 대한 교육과 훈련에 과감히 투자해야 한다. 체계적인 교육 시스템을 갖춘 조직만이 고도화된 분석 도구에 수동적으로 끌려가지 않고 데이터 분석 과정에 주도적으로 참여하도록 보장할 수 있다. 특히 직원들이 자신의 구체적인 행동이 핵심 성과 지표와 최종 비즈니스 결과에 어떠한 영향을 미치는지 명확히 인지할 때 조직의 목표 달성을 위한 전략적이고 능동적인 기여를 기대할 수 있다.

또한 데이터 민주화는 현대 기업 경영의 필수 요소로 자리 잡았다. 과거에는 소수 경영진의 경험이나 불완전한 정보에 의존한 하향식 의사 결정이 주를 이루었으나, 오늘날의 분석 도구는 조직 내 모든 구성원이 업무 관련 통찰력에 직접 접근할 수 있는 환경을 제공한다. 이는 현장 실무자가 실시간 정보에 입각해 합리적이고 민첩한 선택을 내릴 수 있게 함으로써 조직 전체의 기동력을 높인다.

이러한 데이터 기반 문화는 부서 간의 고질적 장벽인 사일로 현상을 타파하고 진정한 협업을 촉진하는 촉매제가 된다. 서로 다른 팀이 데이터를 투명하게 공유하고 공동으로 분석하는 과정에서 편협한 시각은 사라지며, 더욱 포괄적인 통찰과 고도화된 의사 결정이 도출된다.

마지막으로 데이터 기반 이니셔티브의 성공을 담보하기 위해서는 명확한 목표를 설정하여 성과를 정량적으로 측정해야 한다. 막연한 추측이 아닌 구체적인 데이터에 근거해 진행 상황을 정기적으로 검토하고 전략을 유연하게 조정해 나가면 데이터 리터러시는 조직의 자산으로 안착하게 될 것이다.

07

조직의 체질을 바꾸는
5단계 실행 로드맵

창업자들에게 AI 기반 의사 결정은 이제 선택이 아닌 생존을 위한 필수 원칙이다. 하지만 막상 실행에 옮기려 하면 어디서부터 손을 대야 할지 막막해지기 마련이다. 기술적 화려함에 매몰되지 않고 조직에 실질적인 이익을 가져다주는 AI 엔진을 장착하기 위해서는 치밀하게 설계된 단계별 접근이 필요하다.

명확한 비즈니스 목표의 정의

해결하려는 구체적인 문제와 이를 통해 달성하고자 하는 투자 수익률을 숫자로 명시해야 한다. AI 도입은 기술적 유행을 따르는 것이 아니라 측정 가능한 비즈니스 성과를 증명해야만 지속적으로 정당성을 확보할 수 있기 때문이다. 이때 모든 시스템을 한꺼번에 개편하려는 욕심보다는 작게 시작하여 실질적인 성공 사례를 만드는 데 집중해야 한다. 이러한 작은 성공들이 쌓여 구성원들에게 효능감을 주면 대대적인 조직 변화를 이끌어 내는 촉매제가 형성된다.

견고한 데이터 인프라의 구축

AI의 성능은 투입되는 데이터의 품질에 전적으로 의존한다. 부적절한 데이터가 투입되면 결과 역시 무가치해진다는 GIGO Garbage In, Garbage Out의 원칙은 AI 시대에 더욱 유효하다. 최첨단 도구를 도입하기에 앞서 데이터 파이프라인을 정비하고 데이터의 정합성을 확보하는 기초 작업에 공을 들여야 하는 이유다.

인적 자본에 대한 투자

고도화된 내비게이션이 있어도 운전자가 길을 읽지 못하면 무용지물이듯, AI가 의미 있는 데이터를 도출해도 구성원들이 이를 이해하고 활용하지 못하면 아무 쓸모가 없다. 따라서 조직 전체의 데이터 리터러시 역량을 강화해야 한다. 지속적인 교육 프로그램 운영은 기술에 대한 막연한 공포를 제거하고, 데이터를 도구가 아닌 협력적인 파트너로 인식하게 만드는 과정이다.

최적의 기술 파트너를 선택하기

비즈니스의 확장 속도는 선택한 플랫폼에 의해 결정되기도 한다. AWS, MS Azure, 구글 클라우드와 같이 검증된 플랫폼은 기존 시스템과 새로운 AI 기술을 매끄럽게 연결하는 강점을 지닌다. 이러한 유기적 통합은 조직 내 잠재된 통찰을 끌어내고 업무 워크 플로를 개선하여 전반적인 비즈니스 프로세스를 한 단계 격상시킨다.

지속적인 성과 측정과 최적화

데이터 기반 의사 결정 시스템은 한 번의 구축으로 완성되는 것이 아니라, 시장 변화에 맞춰 끊임없이 진화해야 하는 유기체와 같다. 명확한 목표를 설정하고 데이터에 근거해 정기적으로 전략을 유연하게 조정해 나가야 조직의 경쟁 우위로 자리 잡게 된다.

08

AI 기반 의사 결정의
도전 과제와 극복 전략

의사 결정 프로세스에 AI를 통합하는 여정은 장밋빛 미래만을 약속하지 않는다. 오히려 이 과정은 창업자의 인내심을 시험하는 가혹한 도전의 연속이며, 예기치 못한 기술적, 조직적 난관을 해결해야 하는 고된 과정이 될 것이다. AI 기반의 의사 결정 체계 구축이라는 야심찬 계획이 공허한 구호에 그치지 않으려면 이 여정에서 마주할 불편한 진실을 직시하고 이를 돌파할 정교한 생존 전략을 선제적으로 수립해야 한다.

거대한 장벽, 데이터의 파편화

가장 먼저 맞닥뜨리는 거대한 장벽은 데이터의 파편화다. 대다수

기업의 데이터는 서로 다른 소스와 노후화된 레거시 시스템 속에 이질적인 형태로 흩어져 있다. 이를 유기적으로 연결해 가치 있는 정보로 변환하는 작업은 매우 복잡하며 상당한 고통을 수반한다. 따라서 리더는 단기적 성과에 급급하기보다 산재한 데이터를 원활하게 융합할 수 있는 견고한 데이터 인프라를 구축하는 데 우선순위를 두는 전략적 결단을 내려야 한다.

현실적인 난관, 기술적 격차

기술적 격차 또한 무시할 수 없는 현실적인 난관이다. 최첨단 AI 시스템을 도입하더라도 이를 운용하고 유지 관리할 내부 역량이 뒷받침되지 않는다면 고가의 도구는 금세 실질적인 효용이 없는 애물단지로 전락한다. 이는 최첨단 전투기를 도입하고도 이를 다룰 조종사가 없는 상황과 같다. 리더는 내부 인재 육성을 위해 인적 자본에 과감히 투자하는 장기적인 관점을 견지하거나 검증된 외부 파트너사와의 협업을 통해 분석 역량을 신속하게 수혈하는 유연한 대처 능력을 발휘해야 한다.

창업자의 고민, 막대한 초기 구현 비용

막대한 초기 구현 비용 역시 창업자들을 주저하게 만드는 지점이다. 고도화된 솔루션 도입에는 필연적으로 상당한 자본이 투입된다.

이때 필요한 지혜는 모든 프로세스를 한 번에 전환하겠다는 과욕을 버리고 작은 성공부터 확보하는 것이다. 비즈니스 임팩트가 크고 실현 가능성이 높은 프로젝트에 역량을 집중하여 초기 성과를 빠르게 입증해야 한다. 이러한 경험은 조직 내 효능감을 높이고 더 큰 변화를 추진할 수 있는 동력이 된다.

가장 뼈아픈 도전, 리더와 구성원 사이의 신뢰

기술 외적인 측면에서 가장 뼈아픈 도전은 리더와 구성원 사이의 신뢰와 투명성이 부족하다는 점이다. 아무리 정교한 AI가 정답에 가까운 결괏값을 내놓더라도 결정을 내리는 리더가 그 수치를 믿지 못한다면 도입된 기술은 현장에서 겉돌며 제 역할을 하지 못하게 된다. AI가 왜 이런 결론을 내렸는지 그 속사정을 알 수 없다면 리더는 결국 과거의 익숙한 직관이나 개인적인 감으로 회귀하게 되고, 이는 막대한 예산을 들인 시스템이 아무런 실질적 변화를 만들어 내지 못하는 결과로 이어진다. 이러한 문제를 극복하기 위해서는 AI가 결과를 도출하는 논리적 과정을 리더와 구성원이 이해할 수 있는 언어로 설명해 주는 작업이 반드시 필요하다. 단순히 숫자나 확률만 제시하는 것이 아니라 어떤 데이터가 근거가 되었고 어떤 판단 기준이 적용되었는지 그 과정을 입증함으로써 AI를 알 수 없는 기술이 아닌 설명 가능한 조력자로 변모시켜야 한다.

비즈니스의 존립, 데이터 보안과 법규

마지막으로 금융이나 헬스케어같이 민감한 정보를 취급하는 산업 분야에서 데이터 프라이버시 보호와 법적 규제 준수는 비즈니스의 존립을 결정짓는 핵심적인 생존 조건이다. 개인의 자산 정보나 생체 데이터는 유출 시 기업에 치명적인 타격을 입힐 수 있으므로, 보안에 대한 엄격한 요구 사항을 철저히 충족하는 것이 무엇보다 우선되어야 한다. 단순히 방어적인 보안에만 치중하여 데이터 활용 자체를 차단하는 것이 아니라 보안 시스템을 견고히 유지하면서도 그 안에서 유의미한 비즈니스 통찰을 추출할 수 있는 균형 잡힌 거버넌스 체계를 구축하는 것이 리더의 역량이다. 법적 테두리 안에서 안전하게 데이터를 가공하고 분석할 수 있는 프레임워크가 마련될 때, 조직은 규제 리스크로부터 자유로워질 수 있다. 이러한 복합적인 도전 과제들을 정교하게 관리하고 돌파해 나가는 과정을 거쳐야만 AI는 비로소 조직의 명운을 결정짓고 경쟁 우위를 확보하게 해 주는 진정한 전략적 무기로 기능하게 된다.

변하지 않는
창업자의 본질

우리는 지금 인류 역사상 가장 거대하고도 가파른 기술 혁명의 한 복판에 위태롭게, 그러나 설레는 마음으로 서 있다. 실리콘밸리에서 매일 전해 오는 AI 혁신에 대한 소식은 경외감과 두려움을 동시에 안겨 주는 거대한 파도와 같다. 연간 1,000억 달러가 넘는 천문학적인 자본이 AI 스타트업이라는 거대한 블랙홀로 빨려 들어가고 있으며, 불과 50명도 채 되지 않는 기민한 팀들이 수만 명을 거느린 공룡 같은 대기업의 숨통을 조이며 유니콘으로 성장하는 기적 같은 일들이 일상이 되었다. 이제 게임의 룰이 바뀐 수준을 넘어 우리가 발을 딛고 서 있는 경기장 자체가 완전히 재편된 것이다. 창업 생태계는 이제 AI를 탑재한 스포츠카와 맨몸으로 달리는 자들의 불공정한 경주가 되어 버렸다.

이 격변의 시기에 수많은 창업자들이 불안한 눈빛으로 나에게 묻는다.

"이제 AI가 코딩은 물론 시장 분석과 가설 검증, 디자인까지 대신하고 심지어 광고 카피까지 사람보다 더 잘 만들어 주는 시대인데, 그렇다면 인간 창업자는 무엇을 해야 할까요?"

나는 이 본질적이고도 절박한 질문에 대한 답을 이 책의 마지막 메시지로 남기고자 한다. 결론부터 단호하게 말하자면, 기술이 인간의 손발을 대신해 주는 시대일수록 창업자가 짊어져야 할 본질적인 역할과 무게감은 더욱 선명해진다.

과거의 창업자에게 기술 구현 능력은 넘기 힘든 거대한 진입 장벽이었다. 실력 있는 개발자를 구하지 못해 세상을 바꿀 반짝이는 아이디어를 가슴속에 묻어야 했던 일이 부지기수였다. 하지만 지금은 어떤가? AI 에이전트가 밤새 지치지도 않고 코드를 짜내며, MVP^{최소 기능 제품}를 단 며칠, 몇 시간 만에 뚝딱 만들어 내는 세상이다. 기술의 상향 평준화가 일어난 것이다. 이제 비즈니스의 핵심 역량은 어떻게 만드느냐의 영역에서 무엇을 해결하느냐의 영역으로 완전히 이동했다. 따라서 창업자는 직접 코딩하는 기술자가 아니라 문제를 정의하는 날카로운 눈을 가진 설계자가 되어야 한다.

성공한 AI 스타트업들은 세계 최고의 기술력을 가졌기 때문이 아니라 남들이 기술에 취해 있을 때 시장의 빈틈과 진짜 고통^{Pain Point}을 정의했기에 살아남았다. AI는 정답을 내놓는 기계일 뿐이다. 그 기계에게 어떤 본질적인 질문을 던질지, 그 질문이 시장에서 어떤 경제적 가치를 창출할지를 결정하는 것은 오직 인간 창업자만의 고유한 영역이다. 당신은 이제 AI라는 천재적인 조수들을 지휘하여 하나의 거대한 교향곡을 완성하는 오케스트라의 지휘자가 되어야 한다.

이제는, 모든 것을 얇고 넓게 아는 제너럴리스트의 환상을 과감히 버리고, 특정 영역을 깊게 파고드는 집요한 덕후가 되어야 한다. 전 세계의 인터넷 데이터를 긁어모아 무엇이든 대답하는 범용 AI 모델은 구글이나 오픈AI 같은 빅테크의 전유물이다. 자본과 인프라가 부족한 스타트업이 그들과 정면으로 싸워 이길 수 있는 유일한 전장은 오직 버티컬 AI뿐이다. 특정 산업의 가장 깊숙한 곳, 현장에서 직접 구르지 않으면 절대 알 수 없는 디테일과 암묵지를 장악한 도메인 전문가만이 최후의 승자가 될 수 있다. 의료 현장의 복잡하고 미묘한 워크 플로우를 뼛속까지 이해하는 의사가 만든 진단 AI, 혹은 자동차의 사용자 경험에 미친 덕후들이 만든 자율주행 모델이 두각을 나타내는 것은 결코 우연이 아니다. 이제 AI 트렌드는 무조건 거대한 모델을 쓰는 것이 아니라 목적에 딱 맞는 적정 기술을 구현하는 것이다. 우리 산업에 특화된 지저분하지만 귀한 데이터가 무엇인지, 그것을 어떻게 정제해 AI에게 학습시켜야 독보적인 결과가 나오는지 아는 데이터 장인이 되어야 한다. 기술은 돈을 주고 빌려 쓸 수 있지만, 당신이 현장에서 땀 흘리며 얻은 통찰은 그 누구도 복제할 수 없는 가장 강력한 해자Moat다.

더불어 완벽주의라는 이름의 게으름을 버리고, 속도를 생존의 제1

원칙으로 삼아야 한다. 수많은 리더가 기술 변화의 압도적인 속도 앞에서 결정을 내리지 못하는 분석 마비Analysis Paralysis에 빠져 있다고 한다. 하지만 명심하라. AI 시대에 가장 치명적인 리스크는 실패가 아니라 관망이다. 완벽한 제품을 설계하느라 귀중한 6개월을 허비하지 마라. AI 툴을 전방위로 활용하면 단 2주면 프로토타입을 손에 쥘 수 있다. 조금 엉성하고 투박하더라도 일단 시장에 던져라. 그리고 고객의 날 선 반응을 온몸으로 받아 내며 즉시 방향을 트는 피벗을 반복하라. 세상을 바꾸는 소규모 팀들의 비결은 천재성이 아니라 바로 이 미친 듯한 실행 속도와 학습 능력에 있다. 실패를 두려워하지 않는 기민함이야말로 거대 자본과 싸워 이길 수 있는 창업자의 가장 날카로운 무기다.

마지막으로, 기술이 차가워질수록 역설적으로 신뢰라는 인간적 가치를 목숨처럼 지켜 내야 한다. 생성형 AI가 쏟아내는 가짜 정보와 환각이 넘쳐나는 세상에서 소비자는 믿을 수 있는 브랜드와 진짜 사람의 온기를 갈구한다. AI의 한계를 명확히 인지하고, 이를 보완하기 위해 다양한 인간적 검증 장치가 차별화된 경쟁력이 된다. 또한 데이터를 철저히 보호하고 윤리적으로 활용하는 책임감 있는 태도Responsible AI를 비즈니스의 중심에 두어야 한다. 기술 그 자체는 차가운 금속과 0과 1의 코드에 불과하지만, 그 기술을 다루는 기업의 철학만큼은 뜨거워야 한다. 기술이 인간을 대체할 것이라는 공포 속에서도 결국 그 기술을 구매하고 사용하는 주체는 감정을 가진 인간임을 잊지 말아야 한다.

창업자는 단순한 기술자도, 이윤만 좇는 장사꾼도 아니다. AI라는 강력한 도구로 세상의 뒤엉킨 문제를 풀어내는 혁신가이자, 현장의 디테일에 집착하는 장인이며, 누구보다 빠르게 넘어지고 다시 일어서는 불굴의 모험가여야 한다. 변화의 파도는 우리가 막고 싶다고 해서 막을 수 있는 것이 아니다. 그렇다면 방법은 단 하나, 그 거대한 파도 위에 용감하게 올라타는 것이다. 숙련된 서퍼가 거친 파도를 두려워하기보다 그 리듬을 즐기듯, AI라는 파도를 당신만의 기회로 만들어라. 이 책이 당신이 저 거친 바다로 나갈 때, 파도에 휩쓸리지 않고 멋지게 라이딩할 수 있도록 돕는 작지만 단단한 서핑보드가 되었기를 진심으로 바란다. 이제 모든 준비는 끝났다. 당신의 차례다. 두려움 없이, 저 넓은 세상 밖으로 당당히 나아가라.

스타트업을 위한
AI 용어
완벽 가이드

PART 1

AI 기초 및
핵심 개념

인공 지능 AI, Artificial Intelligence

인간이 가진 지적 능력인 학습, 추론, 지각, 언어 이해 등을 컴퓨터 프로그램으로 구현한 포괄적인 기술 체계다. 규칙 기반의 자동화를 넘어 데이터에 기반해 스스로 판단하고 최적의 의사 결정을 내릴 수 있다는 점에서 기존 소프트웨어와 구별된다.

예시 넷플릭스는 전 세계 2억 명 이상의 시청 기록, 일시 정지 지점, 검색어 등을 AI로 분석하여 개개인이 좋아할 확률이 가장 높은 콘텐츠를 홈 화면에 배치한다. 이 초개인화 추천 시스템은 고객 이탈률을 획기적으로 낮추고 연간 10억 달러 이상의 가치를 창출하는 것으로 알려져 있다.

머신러닝 Machine Learning

사람이 일일이 코드로 규칙을 입력하지 않아도, 컴퓨터가 대량의 데이터에서 스스로 패턴을 찾아내 미래를 예측하거나 의사를 결정하는 AI의 하위 분야다.

예시 마켓컬리의 수요 예측 시스템은 날씨, 요일, 프로모션 여부, 과거 판매량 등 수백 가지 변수를 머신러닝으로 분석한다. 이를 통해 다음 날 판매될 신선 식품의 수량을 정확히 예측하여 폐기율을 업계 최저 수준인 1% 미만으로 유지하고 있다.

딥러닝 Deep Learning

인간의 뇌 신경망을 모방한 인공 신경망ANN을 여러 층으로 깊게 쌓아 올려 데이터에 내재된 복잡하고 추상적인 특징을 스스로 학습하는 고도화된 머신러닝 기법이다. 특히 이미지, 음성, 텍스트 등 비정형 데이터 처리에 압도적인 성능을 보인다.

예시 현대자동차의 스마트 팩토리에서는 딥러닝 기반의 비전 AI가 차체 도장면을 고해상도 카메라로 촬영하고 분석한다. 미세한 스크래치나 도장 불량을 인간 검수자보다 빠르고 정확하게 찾아내 불량률을 0에 가깝게 관리한다.

신경망 Neural Network

인간 뇌 속의 뉴런과 시냅스가 신호를 주고받는 방식을 수학적으로 모델링한 알고리즘이다. 입력층 데이터 수신, 은닉층 연산 및 특징 추출, 출력층 결과 도출으로 구성되며, 딥러닝의 기초가 되는 구조다.

예시 은행의 신용 평가 모델은 고객의 소득, 대출 이력, 연체 기록, 소비 패턴 등 수백 개의 입력 신호를 신경망에 통과시킨다. 각 신호의 중요도 가중치를 계산하여 최종적으로 상환 가능성 OO%라는 점수를 출력하고 대출 승인 여부를 결정한다.

알고리즘 Algorithm

특정 문제를 해결하기 위해 수학적으로 정의된 일련의 절차나 규칙의 집합이다. AI 모델이 어떤 방식으로 데이터를 처리하고 학습할지 결정하는 논리적 설계도라 할 수 있다.

예시 배달의민족의 AI 추천 배차 알고리즘은 현재 라이더의 위치, 이동 속도, 식당 조리 예상 시간, 날씨에 따른 교통 체증 등을 복합적으로 계산한다. 이를 통해 음식이 식지 않고 가장 빠르게 고객에게 도착할 수 있는 최적의 라이더를 1초 만에 매칭한다.

데이터셋 Dataset

AI 모델을 학습시키거나 성능을 평가하기 위해 목적에 맞게 수집, 정제, 가공된 데이터의 집합체다. AI 성능은 알고리즘보다 양질의 데이터셋 유무에 따라 결정되는 경우가 많아 스타트업의 핵심 자산으로 꼽힌다.

예시 의료 AI 유니콘 기업 루닛 Lunit은 전 세계 병원과 협력하여 수백만 장의 암 조직 슬라이드 데이터셋을 구축했다. 단순히 이미지만 모은 것이 아니라 전문 병리학자가 판독한 정확한 진단 결과가 포함된 고품질 데이터셋이기에 독보적인 진단 정확도를 확보할 수 있었다.

학습 데이터 Training Data

AI 모델이 패턴을 학습하고 파라미터를 조정하는 데 실제로 투입되는 데이터다. 전체 보유 데이터의 보통 70~80%를 할당하며, 모델의 지식을 형성하는 교과서 역할을 한다.

예시 챗봇을 개발할 때, 지난 3년간 고객센터에 접수된 실제 상담 기록 10만 건을 학습 데이터로 사용한다. 모델은 이 데이터를 통해 반품하고 싶다는 고객의 요청에 어떻게 정중하게 응대하고 절차를 안내해야 하는지 상담원의 말투와 대응 논리를 배운다.

테스트 데이터 Test Data

학습 과정에는 전혀 관여하지 않고 완성된 모델의 성능을 객관적으로 평가하기 위해 따로 떼어 둔 데이터다. 모의고사가 아닌 수능 시험처럼 모델이 처음 보는 데이터도 잘 처리하는지 검증하는 용도다.

예시 자율주행차 AI를 학습시킨 후, 학습 시에는 한 번도 보여 주지 않았던 눈 오는 날의 도로 주행 영상을 테스트 데이터로 입력한다. 이때도 차선을 정확히 인식하고 보행자를 피하는지 확인함으로써 실제 도로에 투입 가능한지 안전성을 검증한다.

모델 Model

선택한 알고리즘이 데이터를 학습한 뒤 생성해 낸 최종 결과물소프트웨어이다. 입력값Input을 넣으면 학습된 패턴에 따라 예측값Output을 내놓는 AI 서비스의 실체라 할 수 있다.

예시 통신사가 개발한 이탈 예측 모델에 특정 고객의 최근 3개월 데이터통화량 감소, 요금제 변경 조회 등를 입력하면 모델은 내부 연산을 거쳐 "이 고객은 30일 내에 타 통신사로 이동할 확률이 85%입니다"라는 예측 결과를 출력한다.

파라미터 Parameter, 매개변수

AI 모델 내부에서 데이터의 패턴을 기억하기 위해 학습 과정 중에 자동으로 조정되는 수치가중치들이다. 파라미터가 많을수록 더 복잡하고 미묘한 패턴을 학습할 수 있어 모델의 지능 용량으로 비유된다.

예시 챗GPT 같은 거대 언어 모델은 수조 개의 파라미터를 가지고 있다. 이는 뇌세포의 연결망처럼 작용하여 단순한 단어의 연결뿐만 아니라 문맥의 뉘앙스, 유머, 논리적 인과관계 같은 고차원적인 언어 능력을 구사할 수 있게 해 준다.

훈련 Training

준비된 데이터를 모델에 주입하여 예측 결과와 정답 사이의 오차를 줄이도록 파라미터를 최적화하는 과정이다. 막대한 양의 단순 반복 연산이 필요하여 고성능 GPU 서버가 필수적이다.

예시 네이버의 하이퍼클로바X를 만들기 위해 수십 년 치의 뉴스, 블로그, 책 등 한국어 데이터를 슈퍼컴퓨터에 입력하고 수개월 동안 학습시켰다. 이 과정에서 모델은 한국어의 문법, 문화적 맥락, 상식 등을 스스로 깨우치며 파라미터를 미세 조정했다.

추론 Inference

훈련이 완료된 모델을 실제 서비스 환경에 배포하여 새로운 데이터를 입력받아 실시간으로 결과를 도출하는 과정이다. 사용자가 AI 서비스를 이용하는 순간은 모두 추론 과정이다.

예시 스마트폰 카메라 앱을 켰을 때 화면 속 물체를 인식하여 자동으로 음식 모드나 인물 모드로 전환되는 순간이 바로 추론이다. 기기 내 탑재된 AI 모델이 실시간으로 들어오는 영상 데이터를 분석해 0.1초 만에 최적의 촬영 값을 결정한다.

과적합 Overfitting

모델이 학습 데이터에만 지나치게 최적화되어 오히려 새로운 데이터에 대해서는 성능이 떨어지는 현상이다. 마치 기출문제 답만 달달 외운 학생이 조금만 변형된 문제에는 손도 못 대는 것과 같다.

예시 주식 투자 AI가 지난 1년간의 특정 상승장 데이터만 완벽하게 학습하여 수익률 100%를 기록했다. 하지만 막상 실전 투입 후 시장 상황이 조금만 변해도^{하락장 등} 대응하지 못하고 큰 손실을 내는 경우가 대표적인 과적합 사례다.

정확도 Accuracy

모델이 전체 데이터 중 정답을 맞힌 비율을 의미한다. 가장 직관적인 지표지만, 데이터 불균형이 심한 경우에는 성능을 왜곡할 수 있어 주의가 필요하다.

예시 전체 검사 대상 중 암 환자가 1%인 데이터셋에서 AI가 무조건 정상이라고만 판정해도 정확도는 99%가 나온다. 하지만 이는 암 환자를 한 명도 못 찾은 무용지물인 모델이다. 따라서 정밀도 Precision 나 재현율 Recall 같은 보조 지표를 함께 확인해야 한다.

피처 Feature

AI가 예측이나 분류를 수행할 때 근거로 삼는 데이터의 핵심 속성들이다. 어떤 데이터를 피처로 선정하느냐 Feature Engineering 에 따라 모델의 성능이 결정적으로 달라진다.

예시 부동산 가격 예측 모델을 만들 때 단순히 평수와 방 개수만 피처로 쓰면 정확도가 낮다. 지하철역과의 도보 거리, 주변 학군 등급, 준공 연도 같은 유의미한 피처를 추가로 발굴해 학습시키면 예측 정확도가 비약적으로 상승한다.

레이블 Label

지도학습을 위해 데이터에 붙여 놓은 정답표다. AI가 무엇을 학습해야 할지 알려 주는 가이드 역할을 하며, 사람이 직접 작업해야 하는 경우가 많아 비용이 발생한다.

예시 자율주행 AI 학습을 위해 도로 주행 영상의 매 프레임마다 자동차, 보행자, 차선이라고 일일이 표시해 둔 정보가 레이블이다. AI는 이 레이블을 보며 사물의 형태와 종류를 학습한다.

분류 Classification

입력된 데이터를 미리 정의된 여러 카테고리 중 하나로 구분하는 작업이다. 예/아니오 같은 이진 분류부터 수십 개 항목으로 나누는 다중 분류가 있다.

예시 토스뱅크의 대출 심사 시스템은 고객의 데이터를 분석하여 대출 승인, 조건부 승인, 거절 세 가지 그룹으로 분류한다. 또한 이메일 서비스가 수신된 메일을 중요, 프로모션, 소셜, 스팸 함으로 자동 분류하는 것도 같은 기술이다.

회귀 Regression

데이터의 패턴을 분석하여 연속적인 숫자 값을 예측하는 작업이다. 분류가 어떤 종류인지 맞히는 것이라면, 회귀는 얼마나 되는지를 맞히는 것이다.

예시 카카오택시는 현재 시간, 출발지, 목적지, 실시간 교통량 데이터를 분석하여 '예상 도착 시간 27분', '예상 요금 1만 4,500원'이라는 구체적인 수치를 예측한다. 이처럼 특정 수치를 예측하는 모든 AI 모델은 회귀 분석을 사용한다.

클러스터링 Clustering

정답 레이블이 없는 상태에서 데이터 간의 유사성을 분석하여 성격이 비슷한 것끼리 그룹으로 묶어 주는 비지도 학습 기법이다. 숨겨진 패턴을 발견하는 데 유용하다.

예시 의류 쇼핑몰이 전체 회원 100만 명을 분석하여 마케팅 타깃을 정하려고 한다. 클러스터링을 돌리면 AI가 알아서 '할인 민감형', '신상 추구형', '주말 쇼핑형' 등으로 고객군을 묶어 준다. 마케터는 이렇게 분류된 각 그룹에 맞는 맞춤형 프로모션을 진행할 수 있다.

지도학습 Supervised Learning

문제 데이터와 정답 레이블을 모두 제공하여 AI를 학습시키는 방법이다. 선생님이 학생에게 문제와 답을 알려 주며 가르치는 것과 같으며, 현재 상용화된 대부분의 고성능 AI가 이 방식을 쓴다.

예시 공장의 불량 검출 AI를 만들기 위해, 정상 제품 사진 1만 장에는 정상, 흠집이 있는 사진 1,000장에는 불량이라는 꼬리표를 붙여 학습시킨다. AI는 이 정답지를 보며 정상과 불량의 시각적 차이를 학습하고, 나중에는 레이블이 없는 새 사진을 보고도 판별해 낸다.

PART 2

생성형 AI와
LLM

생성형 AI Generative AI

기존 데이터를 단순히 분석하거나 분류하는 것을 넘어 학습한 패턴을
바탕으로 텍스트, 이미지, 오디오, 비디오 등 완전히 새로운 콘텐츠를
창조해 내는 AI다. 인간의 고유 영역으로 여겼던 창의성을 자동화했
다는 점에서 혁명적이다.

예시 패션 스타트업이 신제품 화보를 찍으려 한다. 과거에는 모델,
스튜디오, 사진작가를 섭외해 수천만 원이 들었지만, 이제는 생성형
AI 미드저니를 활용해 해변가에서 원피스를 입은 20대 여성 모델 이
미지를 생성하여 단돈 몇 만 원으로 고퀄리티 룩북을 제작한다.

LLM Large Language Model, 거대언어모델

인터넷에 존재하는 거의 모든 텍스트 데이터 책, 논문, 코드, 대화 등를 학습
하여 인간의 언어를 깊이 있게 이해하고 자유자재로 생성할 수 있는
초대형 AI 모델이다.

예시 스타트업의 고객상담실에서 LLM을 도입하면 고객의 복잡하고

감정적인 불만 이메일을 AI가 읽고 내용을 파악한다. 그 후 회사의 환불 규정과 고객의 등급을 고려하여 매우 정중하고 공감하는 어조의 답장 초안을 3초 만에 작성해 상담원에게 제안한다.

GPT Generative Pre-trained Transformer

오픈AI가 개발한 가장 대표적인 LLM의 아키텍처이자 브랜드명이다. 이전의 문맥을 완벽하게 기억하고 다음에 올 단어를 예측하는 방식으로, 사람과 구별하기 힘들 정도로 자연스러운 대화를 구사한다.

예시 한국의 AI 스타트업 뤼튼Wrtn은 GPT 모델을 API로 연동하여 한국어 글쓰기 서비스를 만들었다. 사용자가 '다이어트 보조제 광고 카피 써 줘'라고 입력하면 GPT 엔진이 작동하여 소비자의 욕구를 자극하는 매력적인 마케팅 문구를 실시간으로 생성해 준다.

프롬프트 Prompt

생성형 AI에게 작업을 시키기 위해 입력하는 명령어, 질문, 혹은 지시 사항이다. AI와의 대화에서 결과물의 품질을 좌우하는 가장 중요한 입력값이다.

예시 단순히 "사업 계획서 써 줘"라고 입력하면 뻔한 내용이 나온다. 하지만 "나는 펫푸드 스타트업 대표야. 투자자에게 우리 제품의 유기농 원료와 정기 구독 모델의 장점을 어필할 수 있는 IR 발표용 스크립트를 신뢰감 있는 톤으로 10분 분량으로 작성해 줘"라고 구체적인 프롬프트를 입력하면 전문가 수준의 결과물을 얻을 수 있다.

프롬프트 엔지니어링 Prompt Engineering

AI로부터 최상의 결과물을 얻어 내기 위해 프롬프트의 구조, 문맥, 제약 조건을 정교하게 설계하고 최적화하는 기술이다. AI 시대의 새로운 코딩 능력으로 인정받고 있다.

예시 회사 내규를 검색하는 챗봇이 엉뚱한 거짓말을 하지 않도록 시스템 프롬프트에 "너는 인적자원 관리 전문가야. 반드시 제공된 사규 문서 내에서만 답변하고, 정보가 없으면 모른다고 답해"라는 강력한 제약 조건을 걸어 답변의 정확도와 신뢰도를 통제한다.

토큰 Token

LLM이 텍스트를 인식하고 처리하는 최소 단위다. 영어는 보통 단어 하나가 1토큰이지만, 한국어는 글자 하나나 형태소 단위가 1토큰이 되기도 한다. AI 사용료는 이 토큰 수를 기준으로 부과된다.

예시 챗GPT API를 사용하여 서비스를 개발할 때, 질문 입력과 답변 출력을 합쳐 1,000토큰약 한글 500자당 약 40원의 비용이 발생한다. 만약 사용자가 긴 문서를 요약해 달라고 하면 토큰 소모량이 급증하므로, 스타트업은 불필요한 조사를 빼는 등 토큰을 절약하는 최적화 전략이 필요하다.

컨텍스트 윈도우 Context Window

AI가 한 번의 대화 세션에서 기억하고 참조할 수 있는 정보의 최대량이다. 사람으로 치면 단기 기억력의 용량과 같다. 이 윈도우가 클수록 긴 책이나 영상을 한 번에 이해할 수 있다.

예시 구글의 제미나이 1.5 Pro는 약 200만 토큰의 컨텍스트 윈도우를 제공한다. 이는 수천 페이지에 달하는 법률 계약서 전체나 1시간짜리 회의 녹화 영상 전체를 한 번에 입력받아 "계약서 34조의 독소 조항을 찾아 줘" 또는 "영상에서 사장님이 매출 언급한 부분만 요약해 줘"와 같은 작업을 수행할 수 있게 한다.

파인튜닝 Fine-tuning

이미 똑똑하게 학습된 범용 AI 모델Foundation Model에 특정 분야의 데이터를 추가로 학습시켜 해당 도메인의 전문가로 만드는 과정이다.

예시 법률 테크 스타트업이 일반적인 GPT 모델을 가져와 한국의 판례 데이터 10만 건과 법령 정보를 추가로 학습파인튜닝시킨다. 이렇게 튜닝된 모델은 일반 모델보다 법률 용어를 훨씬 정확하게 구사하고 한국 법정에 맞는 전문적인 법률 상담을 제공할 수 있게 된다.

RAG Retrieval-Augmented Generation, 검색 증강 생성

AI가 답변을 생성할 때, 자신이 학습한 지식에만 의존하지 않고 외부의 신뢰할 수 있는 데이터베이스나 문서를 실시간으로 검색하여 그 내용을 참고해 답변하는 기술이다. AI의 고질적인 환각Hallucination 문제를 해결하는 핵심 기술이다.

예시 사내 챗봇을 구축할 때 RAG를 적용하면, 직원이 야근 식대 규정이 어떻게 되는지 물었을 때 AI가 최신 인사 규정 PDF 파일을 검색해 해당 조항을 찾아 읽은 뒤 '규정집 45페이지에 따르면 1만 5,000원까지 지원됩니다'라고 정확히 답변한다.

임베딩 Embedding

컴퓨터가 이해할 수 없는 텍스트, 이미지 등의 비정형 데이터를 컴퓨터가 계산 가능한 숫자의 나열 벡터로 변환하는 기술이다. 이를 통해 단어 사이의 의미적 유사성을 수학적으로 계산할 수 있게 된다.

예시 쇼핑몰 검색창에 '겨울철 따뜻한 외투'라고 입력했을 때, 상품명에 정확히 그 단어가 없더라도 임베딩 기술을 통해 의미가 유사한 패딩, 코트, 다운재킷 등의 상품을 찾아 보여 준다. 이는 검색어가 가진 의미를 숫자로 변환해 상품들의 의미와 거리를 계산했기에 가능하다.

벡터 데이터베이스 Vector Database

임베딩을 통해 숫자 벡터로 변환된 데이터를 저장하고, 사용자의 질문과 의미적으로 가장 유사한 데이터를 초고속으로 찾아주는 AI 전용 데이터베이스다. RAG 시스템의 핵심 저장소다.

예시 파인콘 Pinecone 같은 벡터 DB에 회사의 모든 기술 문서를 벡터화해 저장해 둔다. 신입 개발자가 로그인 오류 시 해결 방법을 물으면 키워드가 일치하지 않더라도 의미상 가장 가까운 트러블슈팅 가이드를 0.1초 만에 검색해 챗봇에게 전달해 준다.

할루시네이션 Hallucination

AI가 사실이 아닌 내용을 마치 진실인 것처럼 그럴듯하고 확신에 찬 어조로 생성해 내는 현상이다. AI는 확률적으로 다음 단어를 예측할 뿐, 참/거짓을 판단하는 능력이 없기 때문에 발생한다.

예시 변호사가 재판 준비를 위해 AI에게 유사한 판례를 찾아 달라고 했더니, AI가 존재하지 않는 사건 번호와 판결 내용을 아주 구체적으로 지어내 답변했다. 이를 검증 없이 법정에 제출했다가는 큰 낭패를 볼 수 있다. 따라서 전문 분야에서는 반드시 RAG 기술이나 팩트 체크 과정이 수반되어야 한다.

제로샷 Zero-shot

AI에게 예시를 하나도 보여 주지 않고, 오직 지시문명령만으로 처음 보는 작업을 수행하게 하는 능력이다. LLM의 뛰어난 범용성을 보여 주는 특징이다.

예시 "다음 고객 리뷰의 감정을 긍정 또는 부정으로 분류해"라는 지시만 내리고 예시 데이터를 전혀 주지 않아도 챗GPT 수준의 모델은 리뷰 내용을 읽고 문맥을 파악해 '이 리뷰는 배송 지연에 대한 불만이므로 부정입니다'라고 정확히 분류해 낸다.

퓨샷 Few-shot

프롬프트에 2~5개 정도의 소수 예제문제와 정답 세트를 함께 제공하여 AI가 그 패턴을 유추해 성능을 비약적으로 높이도록 하는 기법이다.

예시 AI에게 단순히 '답변해'라고 하기보다 "질문: 배송 언제 와요? / 답변: 고객님, 배송은 보통 2일 소요됩니다"와 같은 예시를 3개 정도 보여 준다. 그러면 AI는 이 예시의 말투와 형식을 모방하여 새로운 질문에도 상담원처럼 친절하고 정해진 포맷대로 답변하게 된다.

체인 오브 쏘트 CoT, Chain of Thought

AI에게 "단계별로 생각해 봐"라고 유도하여 바로 답을 내는 대신 논리적인 추론 과정을 거치도록 만드는 프롬프트 기법이다. 복잡한 문제의 정답률을 획기적으로 높여 준다.

예시 "이 스타트업의 예상 3년 뒤 매출은?"이라고 바로 묻는 대신 "1. 현재 월간 성장률 분석, 2. 시장 규모 추정, 3. 경쟁사 점유율 고려, 4. 이를 바탕으로 3년 뒤 매출 추산"의 단계를 거치라고 지시한다. AI는 각 단계를 차근차근 추론하며 훨씬 논리적이고 정확한 매출 예측치를 내놓는다.

멀티모달 Multimodal

텍스트뿐만 아니라 이미지, 오디오, 비디오 등 서로 다른 형태의 데이터를 동시에 이해하고 생성하며 상호 연결할 수 있는 AI 기술이다. 인간이 눈으로 보고 귀로 듣고 말하는 것처럼 AI의 감각이 확장된 것이다.

예시 챗GPT에게 고장 난 자전거 사진을 업로드하고 "어디가 고장 난 거야? 어떻게 고쳐?"라고 음성으로 물어본다. AI는 이미지를 분석해 체인이 빠진 것을 인식하고, 수리하는 방법을 단계별 이미지와 함께 음성으로 설명해 준다.

이미지 생성 AI Image Generation AI

사용자가 입력한 텍스트 설명프롬프트을 이해하고, 그에 맞는 고해상도 이미지를 픽셀 단위로 그려 내는 생성형 AI 모델이다.

예시 초기 스타트업이 앱 출시 전, 투자 제안서에 넣을 앱 사용 예시 이미지가 필요하다. 미드저니에 "미니멀한 UI 디자인의 핀테크 앱 대시보드, 스마트폰을 들고 있는 한국인 직장인 손, 밝고 신뢰감 있는 조명"이라고 입력하면 수백만 원짜리 촬영 못지않은 고퀄리티 이미지를 1분 만에 만들어 낸다.

텍스트 이미지 변환 Text-to-Image

인간의 언어Text를 시각적 결과물Image로 변환하는 기술 과정을 통칭한다. 상상 속의 장면을 시각화하는 데 혁명적인 도구다.

예시 웹툰 작가가 스토리 콘티를 텍스트로 작성하여 AI에 입력하면 AI가 그 지문에 맞는 배경 이미지예: 비 내리는 사이버펑크 서울의 골목길를 자동으로 생성해 준다. 작가는 배경 그리는 시간을 아껴 캐릭터와 스토리에 더 집중할 수 있다.

스타일 트랜스퍼 Style Transfer

원본 이미지의 내용Content은 유지하면서 그 화풍이나 질감Style만을 다른 이미지에서 가져와 입히는 기술이다.

예시 사진 보정 앱 스노우SNOW의 AI 프로필 기능이 대표적이다. 사용자가 자신의 평범한 셀카를 올리면 AI가 사진관 조명과 보정 스타일을 적용해 마치 전문 스튜디오에서 찍은 프로필 사진처럼 변환해 준다. 브랜드가 자사의 일관된 디자인 톤을 모든 이미지에 적용할 때도 쓰인다.

디퓨전 모델Diffusion Model

이미지에 무작위 노이즈잡음를 가득 채운 뒤 이를 조금씩 제거해 나가며 원래 의도한 깨끗한 이미지를 복원해 내는 방식으로 그림을 그리는 최신 AI 알고리즘이다. 현재 대부분의 고성능 이미지 생성 AI가 이 방식을 쓴다.

예시 스테이블 디퓨전Stable Diffusion 같은 오픈 소스 모델을 활용해 게임 회사가 캐릭터 원화를 제작한다. 처음에는 지지직거리는 노이즈 화면 같지만, AI가 반복적으로 다듬어 가며 점차 정교한 갑옷을 입은 전사의 모습을 드러낸다. 이 방식은 다양하고 창의적인 결과물을 만드는 데 탁월하다.

PART 3

실무 AI 활용 및
인프라

API Application Programming Interface

복잡한 AI 모델을 직접 개발하거나 서버를 구축할 필요 없이 이미 만들어진 AI 서비스의 기능을 내 서비스로 불러와 쓸 수 있게 해 주는 연결 통로다.

예시 여행 가이드 앱을 만드는 스타트업이 번역 기능을 직접 개발하는 것은 불가능에 가깝다. 대신 네이버 파파고 API를 연동하면 개발 코드 몇 줄만으로 앱 내에 파파고와 똑같은 성능의 실시간 메뉴판 번역 기능을 탑재할 수 있다. 사용량만큼만 비용을 내면 된다.

오픈 소스 AI Open Source AI

개발사가 모델의 설계도 소스 코드와 학습된 가중치를 대중에게 무료로 공개하여 누구나 다운로드해 사용하거나 수정할 수 있는 AI다.

예시 메타 Meta가 공개한 라마 Llama 시리즈가 대표적이다. 데이터 보안이 생명인 금융권 스타트업은 정보를 외부로 보내는 클라우드 AI GPT 등를 쓸 수 없다. 대신 라마를 다운로드해 회사 내부 폐쇄망 서버에 설치하고 자체 데이터를 학습시켜 보안 걱정 없는 강력한 사내 AI를 구축한다.

클라우드 AI Cloud AI

아마존AWS, 구글, MS 같은 빅테크 기업이 거대한 데이터센터에 AI를 구축해 두고 인터넷을 통해 기능만 빌려 주는 형태다. 초기 인프라 투자 없이 고성능 AI를 즉시 쓸 수 있다.

예시 이제 막 창업한 팀이 비싼 AI 서버를 살 돈은 없다. 이들은 AWS의 베드락Bedrock 같은 서비스를 통해 클릭 몇 번으로 필요한 만큼만 AI 자원을 빌려 쓴다. 사용자가 몰리면 자동으로 서버를 늘려 주고, 없으면 비용이 거의 들지 않아 효율적이다.

온디바이스 AI On-Device AI

인터넷 연결이나 외부 서버 없이 스마트폰, 노트북, 자동차 등 기기 자체에 탑재된 칩셋으로 구동되는 AI다. 보안이 강력하고 반응 속도가 매우 빠르다.

예시 삼성 갤럭시 S24의 실시간 통역 통화 기능은 온디바이스 AI다. 통화 내용이 외부 서버로 전송되지 않고 폰 내부에서만 처리되므로 도청이나 개인 정보 유출 걱정 없이 통역 기능을 쓸 수 있다. 인터넷을 사용할 수 없는 비행기 모드에서도 작동한다.

AI 에이전트 AI Agent

사람이 일일이 지시하지 않아도 목표만 주어지면 스스로 계획을 세우고 웹 검색을 하거나 엑셀을 켜는 등 도구를 사용하여 복합적인 업무를 완수하는 자율형 AI다.

예시 "경쟁사 A의 최근 가격 정책을 조사해 줘"라고 명령하면 AI 에이전트가 알아서 ①구글 검색으로 A사 홈페이지 접속, ②가격표 PDF 다운로드, ③내용 요약, ④비교 분석 보고서 작성, ⑤팀장에게 이메일 발송까지의 전 과정을 사람 개입 없이 수행한다.

챗봇 Chatbot

텍스트나 음성으로 사람과 대화하며 정보를 제공하거나 업무를 처리하는 AI 인터페이스다. 과거의 딱딱한 규칙 기반 챗봇에서, 이제는 LLM을 탑재하여 사람처럼 말귀를 알아듣는 지능형 챗봇으로 진화했다.

예시 쇼핑몰 솔루션 채널톡의 AI 챗봇 알프는 고객이 "저번에 산 바지랑 어울리는 셔츠 추천해 줘"라고 말하면, 과거 구매 내역을 조회하고 현재 재고가 있는 상품 중 베스트 매칭 상품을 골라 사진과 함께 추천해 준다. 상담원의 업무량을 70% 이상 줄여 준다.

음성 인식 STT, Speech-to-Text

마이크로 들어오는 사람의 말소리오디오를 분석하여 문법에 맞는 텍스트 데이터로 실시간 변환하는 기술이다.

예시 클로바노트 앱을 켜 두고 회의를 하면, AI가 참석자 A, B, C의 목소리를 구분하여 누가 무슨 말을 했는지 대화록을 자동으로 작성해 준다. 회의가 끝나면 "오늘 A님이 마케팅 예산 증액을 제안함"처럼 핵심 요약까지 제공하여 업무 생산성을 극대화한다.

음성 합성 TTS, Text-to-Speech

텍스트 데이터를 입력하면 AI가 성우처럼 자연스러운 억양과 감정을 담아 사람의 목소리로 읽어 주는 기술이다.

예시 밀리의서재는 AI 보이스를 활용해 베스트셀러 오디오북을 대량 생산한다. 실제 성우를 섭외해 녹음하려면 책 한 권당 수백만 원과 며칠이 걸리지만, AI는 작가의 문체를 분석해 가장 어울리는 목소리로 몇 분 만에 오디오북을 만들어 낸다.

자연어처리 NLP, Natural Language Processing

컴퓨터가 인간의 언어를 읽고, 쓰고, 듣고, 말할 수 있게 하는 모든 기술의 총칭이다. 번역, 요약, 감정 분석 등이 모두 여기에 속한다.

예시 법률 테크 스타트업 로앤굿은 NLP 기술을 활용해 수만 건의 판결문을 분석한다. 사용자가 자신의 상황을 입력하면 AI가 해당 사건과 가장 유사한 과거 판례를 찾아 승소 확률을 예측하고 적합한 변호사를 추천해 준다.

감성 분석 Sentiment Analysis

글 속에 담긴 작성자의 기분, 태도, 감정을 AI가 파악하는 기술이다.

여론 분석이나 고객 반응 모니터링에 필수적이다.

예시 화장품 브랜드가 신제품을 출시한 후 인스타그램과 트위터의 관련 게시글 10만 개를 실시간으로 감성 분석한다. '향은 좋은데 트러블이 생긴다' 같은 부정적 키워드가 급증하면 AI가 즉시 경고 알림을 보내 마케팅 팀이 초기에 이슈를 대응할 수 있게 돕는다.

개체명 인식 NER, Named Entity Recognition

문장 속에서 인명, 지명, 회사명, 시간, 금액 등 중요한 고유 명사를 AI가 콕 집어 식별해 내는 기술이다. 비정형 텍스트에서 핵심 정보를 추출할 때 쓰인다.

예시 금융 앱이 뉴스를 분석할 때 "삼성전자가 평택 공장에 2조 원을 투자한다"라는 문장에서 삼성전자^{기업}, 평택^{장소}, 2조 원^{금액}을 자동으로 추출한다. 이를 통해 해당 종목과 관련된 호재성 뉴스로 분류하고 투자자에게 알림을 보낸다.

기계 번역 Machine Translation

하나의 언어를 다른 언어로 자동 변환하는 기술이다. 최근 신경망 번역NMT 기술 덕분에 문맥을 이해하는 자연스러운 번역이 가능해졌다.

예시 유튜브는 전 세계 모든 영상에 대해 자동 번역 자막을 제공한다. 한국의 크리에이터가 한국어로 영상을 올려도 AI가 이를 영어, 스페인어, 아랍어로 실시간 번역해 송출함으로써 글로벌 조회수를 폭발적으로 늘려 준다.

AI 요약 AI Summarization

AI가 방대한 양의 뉴스 기사, 논문, 보고서 등의 내용을 읽고 핵심 정보만 추려 내어 짧은 글로 압축하는 기술이다. 정보 과잉 시대에 시간을 절약해 주는 핵심 도구다.

예시 뉴스 큐레이션 앱 썸뉴스는 바쁜 직장인을 위해 매일 아침 쏟아지는 수천 개의 경제 기사를 AI로 읽고, 중복을 제거한 뒤 오늘의 3줄 요약 뉴스레터로 발행한다. 에디터 10명이 할 일을 AI 혼자서 처리한다.

검색 증강 Retrieval-Augmented

LLM이 답변을 생성하기 전에 관련된 신뢰할 수 있는 정보를 외부에서 먼저 검색 Retrieval 한 후 그 정보를 바탕으로 답변을 생성 Generation 하는 기술 아키텍처다. RAG와 같은 개념이다.

예시 퍼플렉시티 검색 엔진은 사용자가 질문하면 실시간으로 웹을 검색하여 최신 뉴스 기사와 논문을 찾는다. 그리고 그 내용을 바탕으로 답변을 작성하고, 문장 끝마다 [1], [2]처럼 출처 각주를 달아 주어 사용자가 정보의 진위 여부를 확인할 수 있게 한다.

추천 시스템 Recommendation System

사용자의 과거 행동 데이터 클릭, 구매, 시청 등를 분석하여 취향을 파악하고, 가장 구매하거나 클릭할 확률이 높은 아이템을 제안하는 알고리즘이다.

예시 유튜브의 알고리즘은 사용자의 시청 시간을 극대화하는 것이 목표다. 사용자가 축구 영상을 끝까지 시청했다면 AI는 즉시 연관된 하이라이트 영상이나 좋아하는 선수의 인터뷰 영상을 추천 목록 최상단에 띄워 앱을 끄지 못하게 붙잡아 둔다.

컴퓨터 비전 Computer Vision

카메라나 이미지 센서를 통해 들어온 시각 정보를 AI가 사람처럼 보고, 무엇인지 이해하며, 분석하는 기술이다. 기계의 눈을 만드는 기술이라 불린다.

예시 무인 주차 정산 시스템은 입차하는 차량의 번호판을 카메라로 촬영하고, 컴퓨터 비전 기술로 번호판의 숫자와 글자를 인식해 텍스트로 변환한다. 이를 통해 주차 시간과 요금을 자동으로 계산하고 정산까지 마친다.

객체 탐지 Object Detection

이미지나 영상 내에 존재하는 특정 물체^{객체}가 무엇인지 식별하고, 그 위치를 네모 박스^{Bounding Box}로 정확히 표시해 주는 기술이다.

예시 스마트 건설 현장의 CCTV는 객체 탐지 AI를 통해 작업자들을 실시간으로 감시한다. 만약 작업자가 안전모를 쓰지 않은 상태^{객체}가 감지되면 즉시 경고 방송을 내보내고 관리자에게 알림을 보내 안전사고를 예방한다.

얼굴 인식 Face Recognition

사람의 얼굴에서 눈, 코, 입의 위치와 간격 등 고유한 특징점을 추출하여 신원을 확인하거나 감정을 분석하는 생체 인식 기술이다.

예시 공항의 자동 출입국 심사대는 여권 사진과 현장 카메라에 찍힌 여행객의 얼굴 특징을 대조하여 1초 만에 본인 여부를 확인한다. 또한 아이폰의 Face ID는 수만 개의 적외선 점을 얼굴에 쏘아 3D 입체 형태를 인식하므로 사진으로는 잠금이 풀리지 않는다.

AI OCR Optical Character Recognition, 광학문자인식

AI를 활용해 종이 문서, 명함, 간판, 표지판 등에 인쇄되거나 쓰인 글자를 스캔하여 컴퓨터가 편집하고 검색할 수 있는 텍스트 데이터로 변환하는 기술이다.

예시 명함 관리 앱 리멤버는 명함을 사진 찍으면 AI OCR 기술로 이름, 전화번호, 이메일, 회사명을 각각 인식해 주소록에 자동으로 서장해 준다. 재무팀에서는 종이 영수증을 스캔해 금액과 사용처를 엑셀로 자동 변환하는 데 사용하여 수기 입력의 번거로움을 없앴다.

이상 탐지 Anomaly Detection

수많은 정상 데이터의 패턴을 학습한 뒤 여기서 벗어나는 희귀하고 특이한 패턴 이상 징후을 실시간으로 찾아내는 기술이다. 보안과 제조 분야의 핵심이다.

예시 반도체 공장의 진동 센서 AI는 정상 가동 시의 미세한 진동 패턴을 알고 있다. 그러다 모터 베어링이 마모되어 아주 미세하게 다른 진동 파형이 발생하면 AI가 이를 고장 전조증상으로 탐지하여 기계가 멈추기 전에 부품 교체를 지시한다.

PART 4

AI 개발 및
운영

MLOps Machine Learning Operations

AI 모델을 한 번 개발하고 끝내는 것이 아니라 지속적으로 데이터를 업데이트하여 재학습시키고, 배포하고, 성능을 모니터링하는 전 과정을 자동화하는 시스템이자 문화다.

예시 카셰어링 쏘카SOCAR는 매일 쌓이는 차량 운행 데이터와 사고 데이터를 MLOps 파이프라인에 태운다. 시스템은 자동으로 사고 예측 모델을 재학습시켜 업데이트하며, 이를 통해 날씨나 계절 변화에 따라 달라지는 사고 위험도를 항상 최신 상태로 유지하여 보험료를 절감한다.

데이터 라벨링 Data Labeling

AI가 학습할 수 있도록 원천 데이터이미지, 텍스트 등에 사람이 직접 정답 태그을 달아 주는 작업이다. '데이터 눈 붙이기'라고도 불리며 AI 산업의 기반이 되는 노동 집약적 과정이다.

예시 자율주행차를 위한 학습 데이터를 만들기 위해 크라우드웍스 같은 플랫폼을 통해 수천 명의 작업자가 도로 주행 영상을 보며 차선, 신호등, 표지판, 보행자에 마우스를 드래그해 박스를 그린다. 이 정답지가 있어야 AI가 도로 상황을 배울 수 있다.

데이터 증강 Data Augmentation

학습 데이터가 부족할 때 기존 데이터를 회전시키거나, 자르거나, 색을 바꾸거나, 노이즈를 섞는 등 인위적으로 변형하여 데이터의 양을 뻥튀기하는 기법이다.

예시 희귀 질환을 진단하는 의료 AI를 개발하는데 환자 X-ray 사진이 100장밖에 없다. 이때 데이터 증강 기술로 사진을 좌우 반전하거나 밝기를 조절해 1,000장으로 늘려서 학습시킨다. 이를 통해 적은 데이터로도 AI가 질환의 특징을 더 잘 일반화하여 학습하게 돕는다.

전이 학습 Transfer Learning

이미 대규모 데이터로 똑똑하게 학습된 모델^{선생님 모델}의 지식을 가져와 내 문제에 맞는 소량의 데이터로 추가 학습시켜 빠르게 전문 모델을 만드는 효율적인 기법이다.

예시 구글이 1,000만 장의 이미지로 학습시킨 이미지 인식 모델을 가져온다. 여기에 우리 공장에서 찍은 불량 부품 사진 500장만 보여 주며 추가 학습시킨다. 바닥부터 가르치지 않아도 AI는 이미 사물을 보는 눈이 있기에 금방 불량품을 구분하는 능력을 갖게 된다.

앙상블 Ensemble

하나의 모델에 의존하지 않고 서로 다른 여러 개의 모델을 만들어 투표를 부치거나 결과를 평균 내어 최종 예측을 결정하는 기법이다. 집단 지성을 활용해 오차를 줄인다.

예시 전 세계 AI 경진대회인 캐글 Kaggle 의 우승팀들은 대부분 앙상블 기법을 쓴다. 집값 예측을 위해 A모델 최근 거래가 중시, B모델 지역 호재 중시, C모델 건물 연식 중시을 각각 돌린 뒤 이들의 예측값을 평균 내면 단일 모델보다 훨씬 안정적이고 정확한 가격을 맞힐 수 있다.

A/B 테스트 A/B Testing

두 가지 버전의 AI 모델이나 서비스를 실제 사용자 그룹에게 무작위로 나누어 보여 주고, 어느 쪽의 성과 클릭률, 구매율 등가 더 좋은지 통계적으로 검증하는 실험이다.

예시 넷플릭스는 어떤 썸네일 이미지를 보여 줬을 때 사용자가 재생 버튼을 더 많이 누르는지 알기 위해 A그룹에는 배우 얼굴 중심 썸네일, B그룹에는 폭파 장면 중심 썸네일을 보여 준다. 일주일 뒤 클릭률이 더 높은 썸네일을 전체 사용자에게 적용한다.

모델 압축 Model Compression

거대하고 무거운 AI 모델의 불필요한 연산을 줄여 성능 저하를 최소화하면서 파일 크기를 줄이고 실행 속도를 높이는 기술이다. 모바일 기기 탑재를 위해 필수적이다.

예시 서버에서 돌아가는 고성능 음성 인식 모델은 용량이 1GB가 넘어 스마트폰에 넣을 수 없다. 이를 압축 기술로 50MB까지 줄이면 인터넷 연결 없이도 스마트폰 내부에서 실시간으로 작동하는 음성 받아쓰기 기능을 구현할 수 있다.

양자화 Quantization

AI 모델이 계산할 때 사용하는 숫자의 정밀도_{소수점 자릿수}를 낮춰서 연산 속도를 높이고 메모리를 절약하는 최적화 기법이다.

예시 원래 AI는 소수점 7자리_{32비트}까지 정밀하게 계산하지만, 이를 정수_{8비트}로 뭉뚱그려 계산하게 바꾼다. 정확도는 0.5% 정도 떨어지지만, 모델 크기는 4분의 1로 줄고 속도는 3배 빨라진다. 실시간성이 중요한 자율주행이나 게임 AI에서 주로 사용한다.

엣지 AI Edge AI

중앙 데이터센터_{클라우드}로 데이터를 보내지 않고 데이터가 생성되는 말단 기기_{Edge}인 카메라, 센서, 로봇, 스마트폰 등에서 즉시 AI 연산을 처리하는 기술이다.

예시 자율주행차는 시속 100km로 달리며 0.01초 만에 판단해야 한다. 카메라 영상을 서버로 보내고 결과를 기다리면 사고가 난다. 따라서 차량 내부에 탑재된 고성능 엣지 컴퓨터가 영상을 실시간으로 분석해 즉시 브레이크를 밟는다.

연합 학습 Federated Learning

사용자의 민감한 개인 데이터를 서버로 수집하지 않고 각 사용자의 기기에서 AI를 학습시킨 뒤 학습된 결과^{지능}만 서버로 모아 합치는 프라이버시 보호 학습 기술이다.

예시 구글 Gboard ^{키보드} 앱는 사용자가 어떤 단어를 자주 오타 내는지 학습한다. 이때 내가 친 타자 내용은 내 폰 밖으로 나가지 않는다. 대신 학습된 패턴 정보만 구글 서버로 보내져 전 세계 사용자의 오타 교정 기능을 개선하는 데 쓰인다.

설명 가능한 AI XAI, Explainable AI

AI가 왜 그런 결과나 판단을 내렸는지, 그 근거와 이유를 사람이 이해할 수 있는 형태^{텍스트, 히트맵 등}로 설명해 주는 기술이다. 블랙박스 문제를 해결하여 신뢰를 준다.

예시 은행 AI가 대출 심사에서 거절을 통보할 때, 단순히 결과만 주는 게 아니라 "고객님은 최근 3개월간 신용카드 연체 횟수가 2회 있으며, 소득 대비 기존 대출 비율이 70%를 초과하여 거절되었습니다"라고 구체적 사유를 제시한다. 이는 금융소비자 보호법 준수를 위해 필수적이다.

공정성 Fairness

AI 알고리즘이 인종, 성별, 연령, 지역 등 특정 속성에 대해 편견을 갖거나 차별적인 결과를 내놓지 않도록 기술적, 윤리적으로 보정하는 개념이다.

예시 미국의 한 병원에서 환자의 위급도를 판단하는 AI를 도입했는데, 흑인 환자를 백인보다 덜 위급하다고 판단하는 문제가 발견됐다. 이는 과거 의료 데이터에 흑인의 의료비 지출이 적었던 편향이 반영된 탓이었다. 이를 수정한 후 인종과 관계없이 증상만으로 공정하게 판단하도록 모델을 재설계했다.

편향 Bias

학습 데이터 자체가 한쪽으로 치우쳐 있어서 AI가 왜곡된 세상의 시각을 그대로 학습하고 잘못된 판단을 내리는 오류다.

예시 아마존이 개발했던 채용 AI는 과거 10년간의 이력서 데이터를 학습했다. 그런데 IT 업계 특성상 남성 지원자가 압도적으로 많았기에 AI는 남성은 유능하고, 여성은 감점 요인이라는 잘못된 편향을 학습해 버렸다. 결국 여성 지원자를 무조건 탈락시키는 문제가 생겨 해당 프로젝트는 폐기되었다.

프라이버시 Privacy

AI를 개발하고 활용하는 과정에서 개인 정보 보호법 GDPR 등을 준수하고, 민감한 정보가 유출되거나 식별되지 않도록 하는 기술적 조치다.

예시 AI 챗봇을 학습시킬 때, 고객 상담 내역에 있는 "홍길동, 010-1234-5678" 같은 실명과 전화번호를 그대로 쓰면 안 된다. 이를 'Customer_A, 000-0000-0000' 같은 가상의 데이터로 치환하거나 마스

킹가림 처리하여 학습시킴으로써 AI가 개인 정보를 발설하는 사고를 막는다.

데이터 거버넌스 Data Governance

기업 내에서 데이터가 생성되어 폐기될 때까지의 전 과정을 관리하는 원칙, 정책, 프로세스 체계다. 누가 데이터에 접근할 수 있고, 품질은 어떻게 유지하며, 보안은 어떻게 지킬지 정하는 헌법과 같다.

예시 스타트업이 성장하면서 데이터가 여기저기 흩어진다. 데이터 거버넌스를 수립하여 "마케팅 데이터는 마케팅 팀장 승인하에만 접근 가능", "고객 로그 데이터는 1년 보관 후 자동 파기", "모든 데이터는 암호화 저장" 등의 규칙을 시스템화하여 데이터 유출 사고와 법적 리스크를 예방한다.

모델 모니터링 Model Monitoring

서비스에 배포된 AI가 실전 환경에서 잘 작동하고 있는지, 성능이 떨어지지는 않는지, 에러는 없는지 실시간으로 감시하는 활동이다.

예시 이커머스 추천 AI가 평소에는 클릭률 5%를 유지하다가 어느 날 갑자기 1%로 급락했다. 모니터링 시스템이 이를 감지하고 엔지니어에게 긴급 알림을 보낸다. 확인해 보니 신상품 이미지 서버가 다운되어 추천 상품 엑박이 뜨는 문제였다. 모니터링 덕분에 매출 타격을 최소화하고 즉시 복구할 수 있었다.

드리프트 Drift

시간이 지나면서 시장 환경이나 사용자 행동 패턴이 변해 과거 데이터로 학습한 AI 모델이 더 이상 맞지 않게 되어 성능이 저하되는 현상이다.

예시 코로나19 팬데믹이 터지자 사람들의 소비 패턴이 오프라인에서 온라인으로 급격히 바뀌었다. 팬데믹 이전에 학습된 오프라인 매장 매출 예측 AI는 이 변화를 모르기 때문에 엉터리 예측값을 내놓기 시작했다. 이것이 데이터 드리프트다. 이를 해결하려면 최신 데이터로 모델을 재학습시켜야 한다.

재학습 Retraining

드리프트 현상을 해결하고 최신 트렌드를 반영하기 위해 새로운 데이터를 추가하여 AI 모델을 주기적으로 다시 훈련시키는 작업이다. AI 유지보수의 핵심이다.

예시 패션 트렌드 추천 AI는 계절마다, 유행마다 취향이 바뀐다. 따라서 매주 새로 올라온 신상 의류 이미지와 이번 주 클릭 데이터를 모델에 주입해 재학습시킨다. 그래야 AI가 와이드 팬츠가 유행이라는 사실을 인식하고 촌스럽지 않은 상품을 추천할 수 있다.

하이퍼파라미터 Hyperparameter

AI 모델이 스스로 학습할 수 없고, 엔지니어가 학습을 시작하기 전에 미리 수동으로 세팅해 줘야 하는 설정값들이다. 학습 속도, 모델의 복잡도 등을 결정한다.

> **예시** 요리에 비유하자면, 데이터는 재료이고 모델은 요리사다. 이때 "오븐 온도는 180도, 굽는 시간은 30분"처럼 엔지니어가 정해 주는 조리법의 조건들이 하이퍼파라미터다. 이 조건을 어떻게 설정하느냐에 따라 요리 AI 성능의 맛이 완전히 달라진다.

손실 함수 Loss Function

모델이 예측한 값과 실제 정답 사이의 차이오차를 수학적으로 계산하는 공식이다. AI 학습의 목표는 이 손실 함수의 결괏값오차을 0에 가깝게 줄이는 것이다.

> **예시** 집값 예측 AI가 5억 원이라고 예측했는데 실제 거래가는 6억 원이었다. 이때 손실은 1억 원이다. AI는 이 손실 값을 확인하고 너무 낮게 예측했다는 것을 깨닫고, 다음번에는 파라미터를 조정해 5억 5,000만 원, 5억 8,000만 원… 점차 6억 원에 가까운 예측을 하도록 스스로를 수정해 나간다.

PART 5

비즈니스
AI 전략

AIaaS AI as a Service

SaaS Software as a Service 처럼 복잡한 AI 기술을 직접 개발하지 않고 클라우드 구독 형태로 빌려 쓰는 비즈니스 모델이다. 스타트업의 진입 장벽을 낮춰 준다.

예시 초기 스타트업이 수억 원을 들여 얼굴 인식 기술을 개발할 필요가 없다. 아마존의 Rekognition 같은 AIaaS를 쓰면 API 호출당 1원 정도의 비용만 내고 세계 최고 수준의 얼굴 인식 기능을 내 앱에 바로 붙일 수 있다.

노코드 AI No-Code AI

복잡한 프로그래밍 코드를 한 줄도 짜지 않고 마우스 클릭과 드래그 앤 드롭만으로 AI 모델을 만들고 배포할 수 있는 도구다. 비개발자 직군도 AI를 활용하게 해 준다.

예시 마케터가 엑셀에 정리된 고객 데이터를 Obviously AI 같은 노코드 툴에 업로드하고 버튼을 누른다. 5분 뒤, 도구는 자동으로 다음 달

이탈할 확률이 높은 고객 명단을 예측해서 보여 준다. 마케터는 개발자에게 부탁할 필요 없이 즉시 이탈 방지 쿠폰을 발송한다.

로우코드 Low-Code

최소한의 코딩 지식만 있으면 복잡한 AI 애플리케이션을 아주 빠르게 개발할 수 있도록 돕는 도구다. MVP^{최소 기능 제품}를 검증할 때 매우 유용하다.

예시 스트림릿 Streamlit을 사용하면 파이썬 코드 몇 줄만으로 AI 챗봇이 탑재된 웹 사이트를 10분 만에 만들 수 있다. 전문 프론트엔드/백엔드 개발자가 붙어서 한 달 동안 만들 분량을 하루 만에 끝내고, 투자자에게 시연 가능한 데모를 보여 줄 수 있다.

AI 플랫폼 AI Platform

데이터 수집부터 모델 개발, 학습, 배포, 모니터링까지 AI 개발의 전 과정을 한 곳에서 처리할 수 있게 통합된 작업 환경이다.

예시 구글의 Vertex AI나 네이버클라우드의 AI Studio 같은 플랫폼을 쓰면 여러 명의 데이터 과학자와 엔지니어가 하나의 프로젝트에서 협업하기 좋다. 데이터 버전 관리, 서버 자원 할당, 보안 설정 등이 일원화되어 있어 관리 효율이 극대화된다.

토큰 비용 Token Cost

생성형 AI^{LLM} API를 사용할 때 발생하는 변동 비용이다. 비즈니스 모델BM을 짤 때 수익성을 결정짓는 가장 중요한 원가 요소다.

예시 무료 챗봇 서비스를 만들었는데 사용자가 폭증했다. 기분은 좋지만, 사용자 1명당 질문을 할 때마다 오픈AI에 지불해야 하는 토큰 비용이 광고 수익보다 커지면 팔수록 손해인 구조가 된다. 따라서 스타트업은 토큰당 원가를 철저히 계산하고 유료 구독 모델을 설계해야 생존할 수 있다.

GPU Graphics Processing Unit

원래는 게임 그래픽 처리를 위해 만들어졌으나 병렬 연산 능력이 뛰어나 AI의 대규모 학습과 추론에 없어서는 안 될 핵심 반도체다. AI 시대의 석유로 불린다.

예시 엔비디아의 칩 하나 가격은 수천만 원, 수억 원을 호가하며 그마저도 없어서 못 구한다. 스타트업은 직접 GPU 서버를 구매하기보다 클라우드에서 시간당 비용을 내고 GPU를 빌려 쓰는 방식을 택하며 이 비용을 최적화하는 것이 런웨이^{자금 생존 기간}를 늘리는 지름길이다.

컴퓨팅 파워 Computing Power

AI 모델을 학습시키고 작동시키는 데 필요한 하드웨어의 연산 능력 총량을 의미한다. AI 성능은 얼마나 많은 컴퓨팅 파워를 투입하느냐에 비례하는 경향이 있다.

예시 챗GPT 같은 초거대 모델을 학습시키기 위해서는 수만 개의 고성능 GPU가 몇 달 동안 풀가동되어야 한다. 여기에 들어가는 전기료와 서버 비용만 수백억 원이다. 따라서 스타트업은 무작정 큰 모델보다는 우리 문제 해결에 딱 필요한 적정 크기의 모델을 선택하여 컴퓨팅 파워를 아끼는 것이 전략이다.

스케일링 Scaling

사용자 수나 데이터 처리량이 급증했을 때 AI 시스템이 멈추지 않고 유연하게 서버 자원을 늘려 대응하는 능력이다.

예시 블랙프라이데이에 쇼핑몰 접속자가 평소의 100배로 폭증했다. 스케일링 설계가 잘된 AI 시스템은 자동으로 클라우드 서버 대수를 100대로 늘려 Auto-scaling 모든 고객에게 끊김 없이 추천 상품을 보여 준다. 행사가 끝나면 다시 1대로 줄여 비용을 아낀다.

지연 시간 Latency

사용자가 AI에게 질문이나 요청을 보낸 후 AI가 결과를 내놓기까지 걸리는 대기 시간이다. 사용자 경험 UX을 결정짓는 핵심 품질 지표다.

예시 실시간 통역 앱을 쓰는데 내가 말하고 나서 3초 뒤에 번역음이 나오면 대화의 맥이 끊겨서 못 쓴다. 반면 온디바이스 AI를 적용해 지연 시간을 0.5초 이내로 줄이면 마치 옆에서 통역사가 바로 말해 주는 듯한 자연스러운 대화가 가능해져 사용자 만족도가 급상승한다.

처리량 Throughput

AI 시스템이 단위 시간 보통 1초당 처리할 수 있는 요청의 총 개수다. 대규모 서비스를 운영할 때 서버 용량 산정의 기준이 된다.

예시 이미지 생성 AI 서비스에 동시 접속자가 몰려 초당 1,000장의 이미지를 생성해야 한다. 현재 서버의 처리량이 초당 100장 100 TPS 이라면 나머지 900명의 요청은 대기열에 걸려 뱅글뱅글 로딩만 돌게 된다. 이때는 서버를 증설하여 처리량을 늘려야 한다.

ROI Return on Investment, 투자 대비 수익률

AI 도입에 들어간 총비용 개발비, 인건비, 서버비 대비 이를 통해 얻은 금전적 이익이나 비용 절감 효과를 수치화한 것이다. AI 프로젝트의 성패를 가르는 냉정한 성적표다.

예시 고객센터에 1억 원을 들여 AI 챗봇을 도입했다. 덕분에 상담원 채용을 줄여 연간 인건비 3억 원을 아꼈고, 24시간 응대로 놓치던 야간 주문을 잡아 매출이 1억 늘었다. 총 4억의 효과를 봤으니 ROI는 300%다. 경영진은 이 숫자를 보고 AI 투자를 확대 결정한다.

PoC Proof of Concept, 개념 증명

본격적인 AI 도입 전에 기술이 실제로 우리 회사의 문제를 해결할 수 있는지 작게 실험하고 확인해 보는 검증 단계다.

예시 제조 기업의 경영진이 AI로 불량품을 잡을 수 있을지 의심하는 경우 바로 전 공장에 도입하지 않고, 딱 하나의 생산 라인에만 카메라를 설치해 2주간 PoC를 해 본다. 그 결과 불량 검출률 99%를 달성하면 확신을 가지고 전체 공장 확산 투자를 집행한다.

파일럿 Pilot

PoC로 기술 검증이 끝난 후 실제 운영 환경의 일부 부서나 고객에게만 제한적으로 서비스를 오픈하여 운영상 문제점을 미리 찾아내는 시범 운영 단계다.

예시 전사적으로 AI 업무 비서를 도입하기 전에 IT에 친숙한 개발팀 50명에게만 먼저 3개월간 써 보게 한다^{파일럿}. 이 과정에서 "보안 로그인이 불편하다", "검색 속도가 느리다" 같은 피드백을 받아 개선한 뒤 전 직원 1,000명에게 정식 오픈한다.

디지털 트랜스포메이션 DX, Digital Transformation

단순히 AI 도구를 쓰는 것을 넘어 AI와 데이터 기술을 중심으로 기업의 일하는 방식, 비즈니스 모델, 조직 문화를 근본적으로 뜯어고치는 혁신 과정이다.

예시 스타벅스는 커피 파는 회사가 아니라 데이터 테크 기업이다. 사이렌 오더로 쌓인 주문 데이터와 매장 위치, 날씨, 시간 데이터를 AI로 분석해 개인별 맞춤 음료를 추천하고, 재고 관리를 자동화하며, 신메뉴 개발까지 데이터로 결정한다. 이것이 진정한 DX다.

자동화 Automation

사람이 수동으로 하던 반복적이고 지루한 업무를 AI나 소프트웨어 로봇이 대신 처리하게 만드는 것이다. 직원은 단순 노동에서 해방되어 더 창의적인 일에 집중할 수 있다.

재무팀 직원이 월말마다 법인카드 영수증 1,000장을 일일이 엑셀에 타이핑했다. AI OCR 기술을 도입하여 영수증 사진만 찍으면 자동으로 회계 시스템에 입력되게 만들었다. 3일 걸리던 마감 업무가 1시간으로 줄었고, 직원은 재무 전략 수립 업무에 집중하게 되었다.

인텔리전트 RPA IPA, Intelligent Robotic Process Automation

단순 반복 작업만 하는 기존의 RPA 소프트웨어 로봇에 AI의 인지 능력눈, 귀, 언어 이해을 결합하여 판단이 필요한 복잡한 업무까지 자동화하는 고지능 로봇이다.

예시 기존 RPA는 이메일 첨부파일 다운로드까지만 할 수 있었다. 인텔리전트 RPA는 첨부된 청구서 PDF를 열어 내용을 읽고 OCR, 이것이 통신비인지 식대인지 판단 NLP한 뒤 ERP 시스템의 알맞은 계정 과목에 입력하고 결제까지 올린다.

예측 분석 Predictive Analytics

과거의 데이터 패턴과 현재의 상태를 통계적으로 분석하여 미래에 발생할 사건이나 트렌드를 확률적으로 예측하는 기술이다. 비즈니스의 불확실성을 줄여 준다.

예시 렌터카 회사가 차량 정비 데이터를 분석하여 "A차량의 브레이크 패드는 2주 안에 마모되어 고장 날 확률이 85%입니다"라고 예측한다. 관리자는 고장이 나서 차가 멈추기 전에 미리 부품을 교체 예지 보전하여 사고를 막고 가동률을 높인다.

초개인화 Hyper-Personalization

AI를 활용해 고객의 기본 정보 뿐만 아니라 실시간 상황, 맥락, 기분까지 파악하여 나보다 나를 더 잘 아는 수준의 1:1 맞춤 경험을 제공하는 마케팅 전략이다.

예시 스포티파이는 단순히 내가 좋아하는 장르만 추천하는 게 아니다. 내 위치가 헬스장이고 심박수가 높으면 신나는 EDM을, 비 오는 날 밤 침대에 누워 있으면 차분한 재즈를 추천한다. 상황Context까지 고려한 추천에 고객은 감동하고 팬이 된다.

AI 윤리 AI Ethics

AI가 인간에게 해를 끼치지 않고 사회적으로 올바르게 쓰이도록 지켜야 할 규범과 원칙이다. 투명성, 공정성, 안전성, 책임성 등이 핵심 가치다.

예시 챗봇 이루다 사태처럼 AI가 소수자를 혐오하거나 성희롱 발언을 하면 기업 이미지는 나락으로 떨어진다. 따라서 기업은 AI 출시 전 레드팀모의 해킹팀을 꾸려 윤리적 허점을 공격해 보고, 혐오 발언 필터링 장치Safety Guardrail를 마련하는 등 윤리적 리스크 관리에 사활을 걸어야 한다.

AGI Artificial General Intelligence, 범용 인공 지능

특정 문제만 푸는 현재의 좁은 AINarrow AI를 넘어 인간처럼 스스로 학습하고, 추론하고, 창의성을 발휘하며 모든 종류의 지적 작업을 수행할 수 있는 미래의 AI다. AI 연구의 최종 목표라고 볼 수 있다.

예시 현재의 AI는 바둑 AI가 영어를 못 하고, 번역 AI가 운전을 못 한다. 하지만 AGI가 등장하면 영화 아이언맨의 자비스처럼 비서, 과학자, 의사, 운전기사 역할을 혼자서 완벽하게 수행할 것이다. 전문가들은 10년 내외로 AGI 시대가 도래하여 인류 문명을 송두리째 바꿀 것으로 예측한다.

루프 위의 인간 Human-in-the-Loop, HITL

AI가 모든 업무를 완전히 자율적으로 처리하는 대신 작업 과정에 인간이 참여해 결과를 검토하고 필요한 피드백을 제공하는 운영 방식을 말한다. 이를 통해 AI의 효율성과 인간의 판단력을 결합해 오류를 줄이고 결과의 신뢰성을 높일 수 있다.

예시 자율주행차 개발 과정에서는 AI가 도로 상황을 인식하고 주행 판단을 내리지만, 실제 운행 데이터는 인간 엔지니어가 지속적으로 검토하고 보완한다. 이러한 루프 위의 인간 방식은 AI가 잘못된 판단을 학습하지 않도록 교정하고 시스템의 안정성을 높이는 데 중요한 역할을 한다.

참고 문헌

1. 글로벌 스타트업과 시장 흐름

· Startup Genome, Global Startup Ecosystem Report (GSER), 2025
· StartupBlink, Global Startup Ecosystem Index, 2023-2024
· World Economic Forum, The Future of Jobs Report
· KOTRA, 2025 한국이 열광할 세계 트렌드
· TechCrunch, 2025년 신규 유니콘 기업 리스트
· Forbes Advisor, AI 관련 설문 조사, 2025
· GitHub, Developer Survey, 2024
· G2, 시장 보고서, 2025

2. AI 기술과 생산성 변화

· McKinsey & Company, The Economic Potential of Generative AI: The Next Productivity Frontier, 2023
· IDC, The Business Opportunity of AI, 2023 (Microsoft 후원)
· Harvard Business School, MIT Sloan, University of Pennsylvania, BCG,
· Navigating the Jagged Technological Frontier: Field Experimental Evidence of the Effects of AI on Knowledge Worker Productivity and Quality, 2023
· Penn Wharton Budget Model, The Economic Impact of Artificial Intelligence
· Wharton School & GBK Collective, Growing Up: Navigating Gen AI's Early Years, 2024
· Gartner, Predicts: Artificial Intelligence and Its Impact

3. 기업과 산업의 변화 신호

· Salesforce, Generative AI Snapshot Research / State of IT Report
· SAS, 2025년 인공지능(AI) 트렌드 전망
· GS칼텍스, 2025 주목해야 할 AI 트렌드 전망

- 제일기획. AI가 경제적 가치를 보여 줄 시간. 2025
- BCG. 지속 가능한 비즈니스 모델 혁신을 위한 4단계
- Harvard Business Review. 비즈니스 모델 혁신으로서의 지속 가능성
- Arthur D. Little. 탄소 중립과 지속 가능한 비즈니스 모델

4. 창업, 투자, 정책 데이터
- Guidant Financial. Small Business Trends Report
- Demand Sage. Startup Statistics. 2024 (SBA, BLS 데이터 기반)
- 중소벤처기업부. 2025 아기유니콘 및 초격차 스타트업 육성 정책
- e-나라지표. 벤처캐피탈 투자 현황
- KDB미래전략연구소. 국내 벤처캐피탈 투자 동향
- 자본시장연구원. 스타트업의 AI 원천기술 개발과 벤처캐피탈의 역할
- Reddal. 한국 딥테크 보고서

5. 실제 기업 사례와 실무 도구
- 미래에셋증권. AI 도입 사례. 2025
- 삼성SDS. AI 챗봇 사례. 2024
- ClickUp, Monday.com, Asana, Notion, Trello. 공식 웹사이트
- Zapier 외. 공식 블로그 자료

6. 기타 참고 자료
- 서울경제. 벤처펀드 만기 관련 분석 기사. 2025

아이디어·시장 진입·팀 빌딩·사업 모델·마케팅

AI × 스타트업

© 임성준 2026

인쇄일 2026년 3월 26일
발행일 2026년 4월 2일

지은이 임성준
펴낸이 유경민 노종한
책임편집 이현정
기획편집 유노북스 이현정 이소연
기획마케팅 1팀 우현권 이상운 **2팀** 전예원 김민선
디자인 남다희 허정수
기획관리 차은영
펴낸곳 유노콘텐츠그룹 주식회사
법인등록번호 110111-8138128
주소 서울시 마포구 동교로17안길 51, 유노빌딩 3~5층
전화 02-323-7763 **팩스** 02-323-7764 **이메일** info@uknowbooks.com

ISBN 979-11-7183-163-0 (03320)